Digitale Kompetenz für Erzieherinnen und Erzieher sowie Kita-Leitungen

Herstellung und Verlag:
BoD – Books on Demand, Norderstedt
ISBN: 978-3-7494-7155-3

Inhaltsverzeichnis

0. Warum benötigen sozialpädagogische Berufe eine digitale Kompetenz?

Office-Kompetenz (Word, Powerpoint, Excel,…) für Beruf / Büro-Management	Medienkompetenz (Öffentlichkeitsarbeit, mediale Präsenz, Elternabende etc.)
Digitale Kompetenz	
Selbstkompetenz (Eigenorganisation, Weiterbildung, Privat [Bilder, Dokumente etc.])	Medienpädagogik (Beratung, Individuelle Förderung, Projekte…)

Der Erzieherberuf ist ein äußerst vielseitiger Beruf! Erzieher sind Pädagogen, aber auch Psychologen, Künstler, Schauspieler, Entertainer und vieles mehr. Kern der beruflichen Tätigkeit ist das Wohlergehen der anvertrauten Kinder. Warum aber müssen dann Erzieher auch in der digitalen Welt weitergebildet werden? Ganz einfach: weil die digitale Welt mittlerweile so umfassend ist, dass Kinder schon in jungen Jahren mit ihr konfrontiert werden und in ihr aufwachsen. Digitale und analoge Welt lassen sich nicht mehr voneinander trennen, Kleinkinder kommen bereits mit dem Smartphone in Berührung, sie sehen wie ihre Eltern ständig daran kleben und bekommen sehr früh mit, dass es sich um einen sehr wichtigen Bestandteil der Erwachsenenwelt handeln muss. Somit müssen Erzieher zwangsläufig auch in diesem Bereich kompetent sein, um den Kindern hier Orientierung und Anleitung geben zu können. Dieser Bereich wird unter dem Begriff „Medienpädagogik" subsumiert. Wichtig für den Kita- und Jugendbereich sind hier insbesondere Medienprojekte, wo die Kinder und Jugendliche lernen kompetent mit verschiedenen Programmen umzugehen und durch die Erarbeitung eines fertigen Handlungsproduktes nicht nur ihre IT-Kompetenz verbessern, sondern in hohem Maße Selbstwirksamkeit erfahren. Doch nicht nur die Medienpädagogik macht es unabdingbar, dass Erzieherinnen und Erzieher in digitalen Dingen fit gemacht werden. Auch für die eigene persönliche und berufliche Bildung ist es heutzutage wichtig, das „Werkzeug" PC gut zu beherrschen. Erzieher müssen Powerpoint-Präsentationen halten, in Word eine Projektarbeit schreiben, für die KITA einen ansprechenden Flyer erstellen, für den Elternabend einen Aushang entwerfen, die Bilder vom Sommerfest zuschneiden (und dabei die Persönlichkeitsrechte kennen) und vieles mehr. Erzieher mit einer guten IT-Kompetenz haben es hier an vielen Stellen viel einfacher und können sich damit schneller auf ihren wichtigsten Aspekt bei der Arbeit konzentrieren, nämlich die Kinder.

Das Werk besteht aus zwei Bänden. Im Band 1 liegt der Fokus auf der Office-Kompetenz, der zweite Bank umfasst die Medienpädagogik und Medienprojekte!

Viel Erfolg mit diesem Buch!

Clemens Kaesler (Frankenthal, August 2019)

1. Selbstorganisation am PC

1.1 Der Windows Dateien-Explorer

Einstieg

Auf einem PC sammeln sich in kürzester Zeit viele Dateien. Eine Kollegin schickt die Powerpoint vom letzten Elternabend, verschiedenste Briefe werden an den Träger oder die Eltern geschickt, für die eigene pädagogische Arbeit werden Materialien aus dem Internet gezogen, digitale Bilder abgelegt oder eigene Word-Vorlagen für die Vorschule erstellt. Sehr schnell verbringen Sie dann viel Zeit damit, wichtige Dokumente auf Ihrem PC zu suchen. Deshalb werden Sie in diesem Kapitel damit vertraut gemacht, wie Sie eine stringente Ordnerstruktur auf Ihrem PC anlegen und verwalten. Zudem wird auf Möglichkeiten einer eindeutigen Benennung von Dateien eingegangen.

Hinweis:

Sollten Sie in Ihrer Kita ein Intranet haben, so dass mehrere PCs mit einem Server miteinander verbunden sind, müssten Sie für die gemeinsamen Laufwerke die Ordnerstruktur (sowie Bearbeitungsrechte) im Team gemeinsam festlegen. Wenn Sie jedoch alleine an einem PC arbeiten, haben Sie es an dieser Stelle einfacher.

1.1.1 Wo finde ich den Daten-Explorer?

Den Windows-Explorer finden Sie, wenn Sie den Windows-Startbutton mit der rechten Maustaste anklicken:

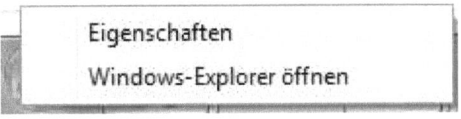

Es öffnet sich der sog. Windows-Explorer. In der Menüleiste finden Sie dann erste Möglichkeiten, wie Sie mit dem Explorer arbeiten können:

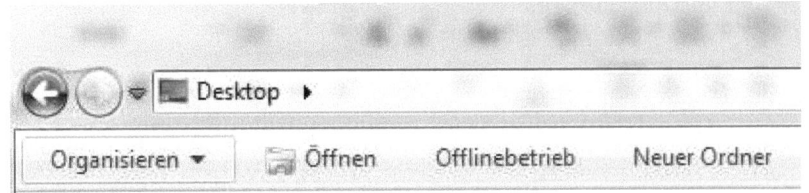

Klicken Sie beispielsweise auf Organisieren, so werden Ihnen alle Funktionen dieses Menüpunktes angezeigt, diese Funktionen haben Sie in der Regel auch, wenn Sie mit der rechten Maustaste direkt auf einen Ordner klicken. Bei der Funktion „Layout" können Sie bestimmen, was alles in dem Fenster des Explorers angezeigt werden soll.

Sie sollten immer alle drei Bereiche angeklickt haben, da dies das Verwalten und Suchen nach einem Dokument erheblich erleichtert:

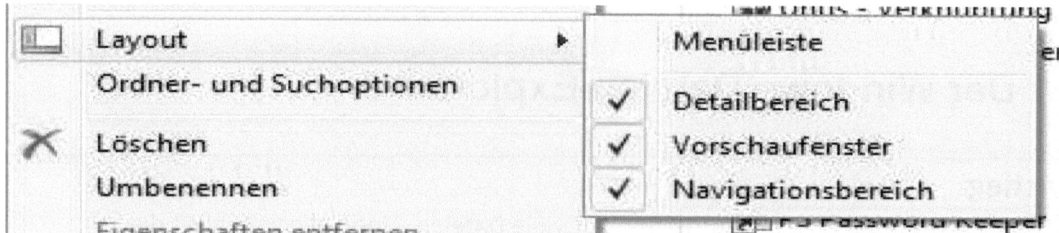

Innerhalb des Explorers können Sie nun Ordner und Dateien verwalten. Möchten Sie zum Beispiel für die eine Kindergruppe (Froschgruppe) einen eigenen Ordner erstellen, so gehen Sie zunächst in den Ordner, in den der Froschgruppenordner eingefügt werden soll. Dann klicken Sie auf:

Neuer Ordner

Es fügt Ihnen den neuen Ordner ein, dieser hat jedoch noch die Bezeichnung „Neuer Ordner". Sie wollen ihn jedoch als „Froschgruppe" titulieren. So lange die Ordnerschrift blau unterlegt ist, können Sie direkt den Ordnernahmen eingeben:

Name

Neuer Ordner

Sonst müssen Sie mit der rechten Maustaste auf den Ordner klicken, dort die Funktion „Umbenennen" wählen und den Ordner entsprechend bezeichnen.

1.1.2 Was ist eine gute Ordner-Struktur?

Die Ordner-Struktur auf Ihrem PC sollte die Logik Ihrer Arbeitsbereiche widerspiegeln. Eine gute Struktur ist z.B. gegeben, wenn nach Objekten strukturiert wird, genauso gut kann nach Aufgaben strukturiert werden.

Vergleichen Sie folgende Ordnerstruktur, einmal nach Objekten und einmal nach Aufgaben gegliedert:

Beispiel:

Erzieherin Martina arbeitet in der Kita Kunterbunt, sie ist dort in zwei Gruppen eingesetzt und hilft zudem in der Vorschule aus. Ihre Aufgaben bestehen in Beobachtungen, Dokumentation, Materialentwicklung und Elternarbeit.

Objektstrukturierung vs. Aufgabenstrukturierung	
Gruppe1 Gruppe2 Vorschule	Beobachten Dokumentation Materialentwicklung Elternarbeit

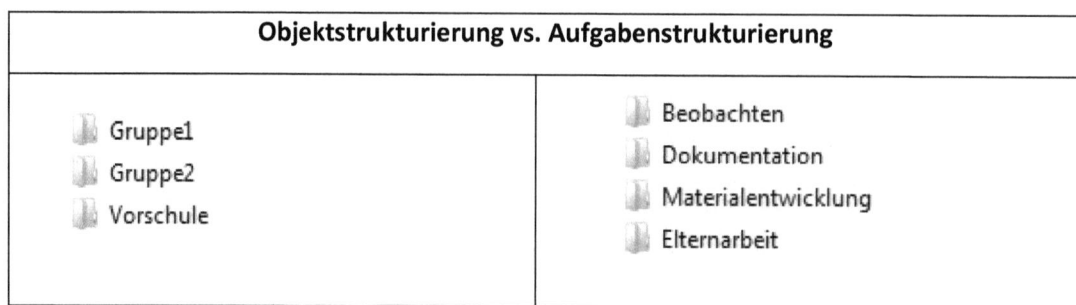

Betrachtet man das Arbeitsfeld einer Erzieherin oder eines Erziehers, so ist die Objektstrukturierung vorzuziehen, da die Aufgabenstruktur sich letztlich wieder an den „Objekten" festmacht (Beobachtungen in Gruppe1, Elternarbeit für Vorschulkinder usw.).

> **Tipp: Wenn Sie sich unschlüssig sind, orientieren Sie sich einfach, wie Sie Ihre Büro- oder Schularbeiten verwalten. Die Windowsordner sind analog zu Büro-Ordner zu sehen. Würden Sie dann lieber einen Ordner anlegen, in dem Sie alle Beobachtungen in allen Gruppen festlegen oder würden Sie lieber einen Ordner anlegen, der alles zur Gruppe 1 sammelt!**

Jeder Ordner lässt sich dann wieder in Unterordner (analog zu Registerkarten) unterteilen. Zum Beispiel können Sie dann für die Gruppe 1 Unterordner erstellen, wo Sie alle digitalen Spielmaterialien (z.B. Bilder-Memory) etc. ablegen. Es ginge natürlich auch die Aufgabenbereiche dann als Unterordner zu jedem Objektordner anzulegen.

Beispiel:

Hauptordner:

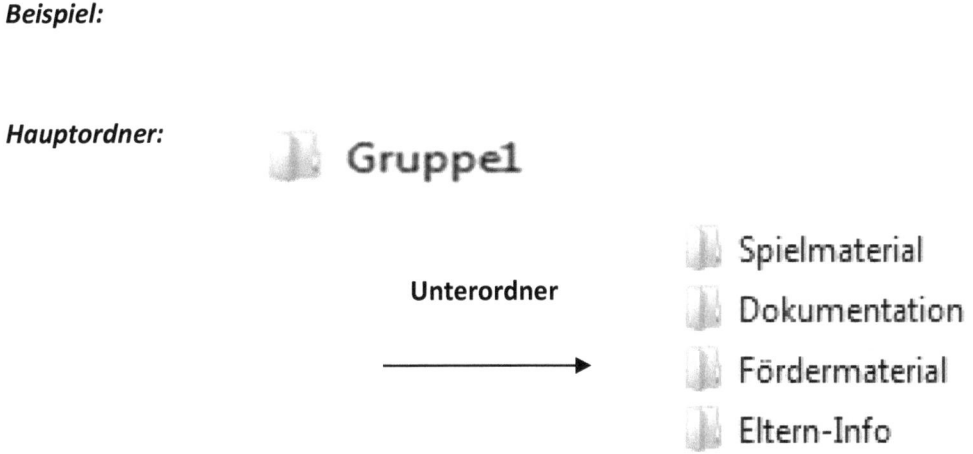

1.1.3 Wie werden Ordner und Dateien benannt?

Sobald Sie einmal viele Dateien auf Ihrem Rechner haben, werden Sie merken wie sinnvoll eine logisch und stringente Dateibenennung ist. „Brief.doc" ist bei 10 Elternbriefen pro Jahr sicherlich kein sinnvoller Dateiname.

Ein guter Dateiname sollte folgende Kriterien erfüllen:

- Schnell und einfach
- Klar unterscheidbar
- Leicht auffindbar (z.B. über Suchfunktion)

Ein sehr gutes Schema ist: „Jahr-Monat-Tag Beschreibung"

Beispiel:

2016-05-15 Infobrief Verabschiedung Vorschulkinder

2016-09-20 Einladung Elternabend Herbstfest

Übungszeit zu Kapitel 1.1

Aufgabe 1:

Sie sind Kita-Leiterin in der Kita Kunterbunt. Sie haben vier Gruppen, dazu eine Vorschule und eine Sprachfördergruppe. Jede Gruppe hat zwei Projekte pro Jahr. Dazu verwalten Sie noch die Essenslisten, die Materialien für Elternabende und Newsletter.

Erstellen Sie im Windows-Explorer eine übersichtliche Ordnerstruktur gemäß der Objektstrukturierung!

Übungszeit zu Kapitel 1.1

1.2 Passwortsicherheit

Einstiegsfall:

Lisa Maier ist Erzieherin. Für den PC in der Einrichtung hat sie das Passwort „LisaMaier", das dem Benutzernamen des Log-Ins entspricht. Für das dienstliche E-Mail-Programm verwendet sie als Login „1234", nur für das Online-Banking hat sie ein komplexeres, von der Bank zugewiesenes Passwort. Da sie sich dieses nicht merken kann, bewahrt sie es auf einem Zettel in ihrer Geldbörse auf.

Aufgaben:

Beurteilen Sie Lisas Verhalten in Bezug auf Passwortsicherheit!

Entwickeln Sie Vorschläge, was Lisa verbessern könnte!

1.2.1 Sichere Passwörter

Dein PC sollte auf jeden Fall passwortgesichert sein. Sollten Sie in Ihrer Einrichtung einen ungeschützten PC vorfinden, so können Sie den Passwortschutz bei Windows 10 über Einstellungen → Kontoschutz selbst aktivieren.

Passwörter sind zu festen Bestandteilen unseres Alltags geworden. Als Voraussetzung für die Nutzung von Anwendungen, Profilen und Benutzerkonten dienen sie der Identifizierung für die unterschiedlichen Dienste. Beim Geldabheben am Bankautomaten oder beim Einschalten des Mobiltelefons, vor allem jedoch im Internet, werden Passwörter zur Prüfung der Zugangsberechtigung benötigt.

Ein gutes Passwort zu erfinden ist nicht schwierig, wenn Sie ein paar Grundregeln beachten, sind Sie auf der sicheren Seite.

Grundregeln für ein sicheres Passwort:

- Die Länge sollte mindestens 8, besser 10 Zeichen umfassen.
- Das Passwort soll kein Klarwort sein (z.B. also nicht „Mittwoch" oder „Bundesbahn"), sondern sich aus Zeichen und Buchstaben sinnfrei zusammensetzen (z.B. 1§$zuterre etc.).
- Passwörter unbedingt auswendig lernen und nicht auf Zetteln unter der Schreibtischunterlage verstecken.
- Keine Namen aus dem Familien- oder Freundeskreis, genausowenig Geburtstag der Kinder, Oma etc. Geübte Hacker spüren genau diese Daten auf und versuchen dann damit das Passwort zu knacken.
- Legen Sie sich einen eigenen Geheimcode zu, indem Sie bestimmte Buchstaben aus Zahlen und Zeichen ersetzen.

Beispiel:

Osterhase: O ist das Zeichen „%", h ist 423, r = 45$

Ergibt: %ste45$423ase

Der Trick an der Eigenchiffrierung liegt darin, einen Buchstaben durch mehrere Zeichen zu ersetzen. Daraus ergibt sich eine längere Zeichenfolge als das Ausgangswort, was die Entschlüsselung stark erschwert.

Eine andere Methode ist das Verwenden eines Kalenderspruches, Bibelzitates oder ähnliches. Hier wird dann jeder erste Buchstabe des Wortes genommen, was das Passwort ergibt. Um es noch zu erschweren sollten sog. SALTS eingestreut werden, z.B. ein Sonderzeichen zwischen jedem Buchstaben.

Beispiel:

Kalenderspruch:

„Mach es wie die Sonnenuhr, zähle die heiteren Stunden nur!"

Ergibt:

MEWDSZDHSN

Nun noch mit SALT:

M&E&W&D&S&Z&D&H&S&N

(Anmerkung: Ein SALT ist ein Sonderzeichen, das bei einem Passwort willkürlich eingestreut wird.)

1.2.2 Passwortmanager

Ein Kardinalfehler ist, überall und bei jedem Login das gleiche Passwort zu verwenden. Das Problem ist natürlich dann, wie man sich all die vielen Passwörter merken kann.

An dieser Stelle helfen sog. Passwortmanager. Sie funktionieren z.B. als APP auf dem Smartphone. Dort lässt sich dann die URL der jeweiligen Webadresse, sowie der Benutzername und das Passwort abspeichern. Der Passwortmanager wird durch ein einziges Masterpasswort geschützt, was dann natürlich auch sehr sicher sein muss.

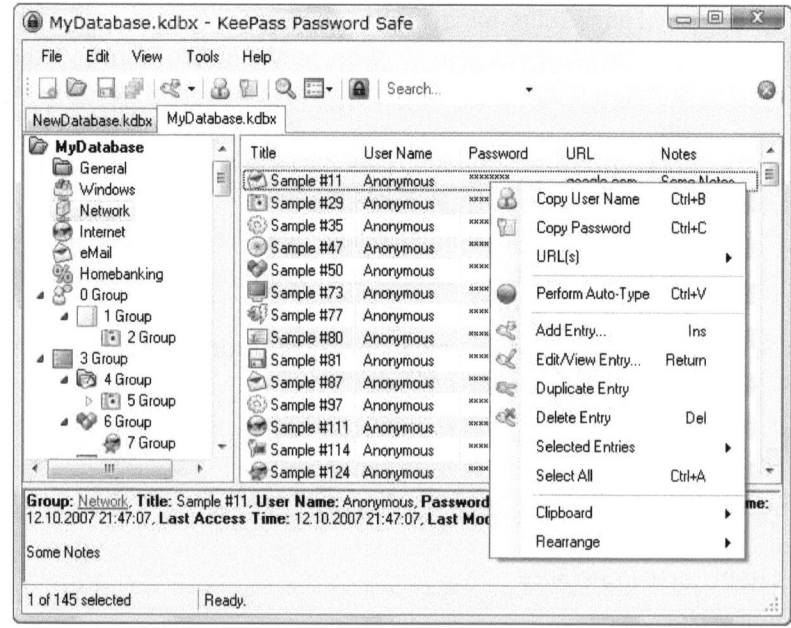

Eine Empfehlung soll hier für die Passwortverwaltungssoftware und APP namens KEEPASS erfolgen. Sie ist einfach zu handhaben und bietet eine sehr gute, quasi nicht knackbare Verschlüsselung. Die APP ist kostenlos und über Spenden von erfreuten Nutzer finanziert. (Quelle: https://de.wikipedia.org/wiki/KeePass#/media/Datei:KeePass_Main.png)

Übungszeit zu Kapitel 1.2:

Aufgabe 1:
Gehen Sie auf https://checkdeinpasswort.de/ und überprüfe (vertraulich) deine bisherigen Passwörter.

Aufgabe2:
Gehen Sie auf https://checkdeinpasswort.de/ und unternehme folgenden Versuch. Ermittle mit Hilfe folgender Tabelle, wie sich die Zeitdauer, bis das Passwort geknackt ist, im Abgleich mit Anzahl und Art der Zeichen verändert.

apfel	
Apfel1	
Aepfel	
%Apfel%	
%a§p§f§e%l	
Gersa3$sw"ghee&&	

> **Anmerkung: Die Berechnungen sind auf einen „normalen" und handelsüblichen PC bezogen. Hackerattacken gehen jedoch mit wesentlich stärkeren Hochleistungsrechner vor, so dass normale Lexikonwörter sich von Vornherein verbieten sollten, da bei sog. Brut Force Attacken, ganze Lexika abgefragt werden können.**

Aufgabe 3:
Ihr solltet auf keinen Fall nur ein Passwort für alle möglichen Log-Ins verwenden, das ist extrem unsicher und kann euch ziemlich schaden. Um den Überblick über die vielen Passwörter zu behalten, bieten sich sog. Passwort-Manager an. Das sind Apps, in die sich in einer kleinen Datenbank, alle relevanten Log-In Daten für verschiedene Internetanwendungen abspeichern lassen.
a) Recherchiert die Funktionsweise und den Nutzen von verschiedenen Passwortmanagern im Netz.

b) Ladet euch die vom Autor empfohlene sichere und kostenlose App KEEPASS auf das Smartphone und gebt eure fünf wichtigsten Zugangsdaten ein. Legt euch für jedes Log-In ein sicheres Passwort an.

1.3 Datensicherung

Einstiegsfall:

Bernhard Hastig ist Leiter der Kita Sonnenschein. Er will das Programm für das Sommerfest vom letzten Jahr wieder aufrufen, um es für das diesjährige Sommerfest anzupassen. Da fällt ihm ein, dass der alte PC ja bei einem Einbruch gestohlen wurde. Mit ihm sind natürlich auch die ganzen Dateien verschwunden. Er muss also das Programm noch einmal neu schreiben.

Aufgabe:

Was könnte Bernhard tun, damit die Dateien nicht nur auf dem PC gespeichert sind?

Nichts ist ärgerlicher, als wenn man stunden- oder tagelang an einem Text oder an einer Powerpoint-Präsentation gearbeitet hat und die dann „auf wundersame Weise" verschwindet durch einen Schreibfehler, versehentliches Löschen oder Überschreiben oder ähnliches. Zum professionellen Arbeiten in der Einrichtung gehört auch das regelmäßige Sichern der Festplatte. Dies kann auf verschiedene Weise passieren.

Wöchentliches Replizieren auf eine externe Festplatte

Das wöchentliche Replizieren auf eine externe Festplatte sollte zur Arbeitsroutine gehören und tragen Sie sich am besten fix in Ihren Terminkalender (idealerweise am PC) ein.

Eine externe Festplatte ist eine Speichermedium, das per USB-Anschluss an den PC angeschlossen wird. Sie kopieren einfach Ihren Ordner „Eigene Dateien", in dem Sie alle Arbeitsdokumente, Excel-Listen, Word-Aushänge etc. speichern, fügen dann diese Dateien im Windows-Datenexplorer in das Laufwerk der externen Festplatte ein.

Eine andere Speichervariante ist eine Cloud-Lösung. Bei einer Cloudlösung sind bestimmte Ordner der Festplatte mit einem Speicher auf einem Server im Internet verbunden. Speichern Sie ein Dokument in diesen Ordner auf der Festplatte, spiegelt sich die Festplatte bei jeder Veränderung auf den Server. Sie können sich dann auf einem anderen PC in den Server einloggen und haben alle ihre Dateien wieder zur

Verfügung. Es lassen sich auch mehrere PCs in einer Cloud miteinander verbinden, so dass Sie überall die gleichen Dateien haben. Typische Cloud-Lösungen ist die Cloud von WEB.de (1und1) oder der Google Drive. Im öffentlich-rechtlichen Bereich, z.B. für Schulen gilt in Rheinland-Pfalz, dass keine Cloud-Lösungen verwendet werden dürfen, die auf außereuropäischen Servern speichern, da dort die europäischen Datenschutzbestimmungen nicht eingehalten werden.

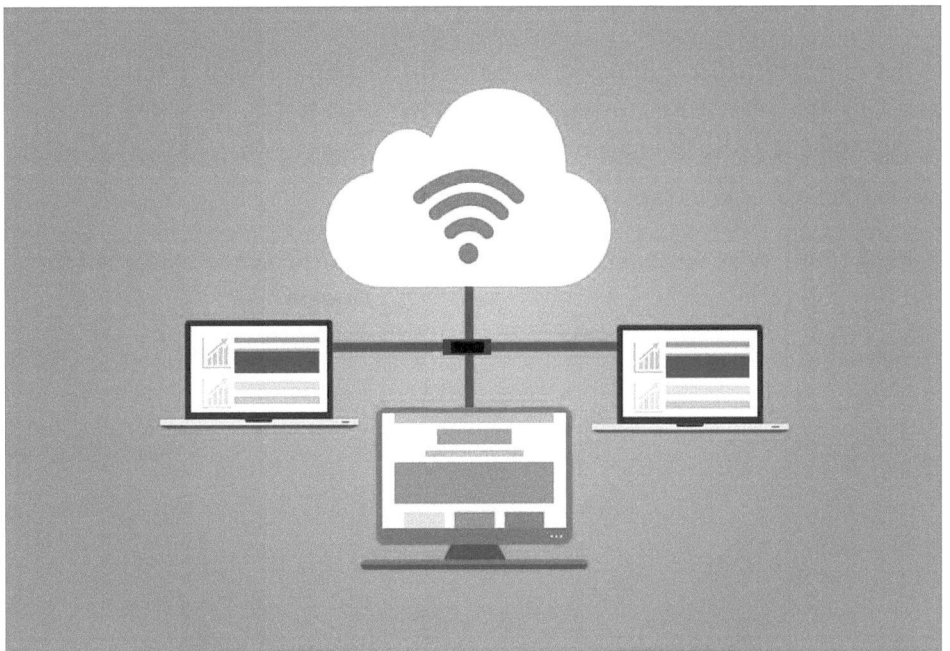

(Quelle: https://pixabay.com/de/illustrations/wolke-computer-hosting-3406627/)

Übungszeit zu Kapitel 1.3

Aufgabe 1) Recherchieren Sie im Netz wie sicher USB-Sticks für die Datensicherung eingeschätzt werden.

Aufgabe 2)

Google hat eine breite Produktpalette, die stetig ausgebaut wird. Recherchiert in Partnerarbeit, für welche Anwendung die untenstehenden Icons in der Tabelle stehen. Überlegt, welche Art von Daten in der Anwendung gespeichert werden und welchen Nutzen Google daraus ziehen könnte.

Anwendung	Welchen Zweck erfüllt sie?	Welche Daten entstehen für Google?

2. Arbeiten mit WORD - Professionelle Texte und Broschüren gestalten

Einstiegsfall:

Lisa Maier möchte ihr Elternschreiben in Word viel ansehnlicher gestalten, bisher hat sie nur einen einfachen Text, ideal wäre aber eine ansprechende Gestaltung sowie Bilder, die sich direkt in den Text einpassen. Sprich, es soll viel professioneller wirken.

Aufgabe:
Arbeiten Sie das folgende Kapitel Schritt für Schritt durch, um die Grundlagen der Formatierung in Word zu erlernen.

2.1 Einfache Textformatierung

Word ist DAS Textverarbeitungsprogramm und seit Jahren im privaten und beruflichen Bereich nicht mehr wegzudenken.

Den Anfang machen wir mit der einfachen Formatierung und Gestaltung eines Textes.

Wichtig: Beim Arbeiten ist es überaus wichtig, dass Sie das 10-Finger Tastaturschreiben beherrschen. Versuchen Sie deshalb alle Übungszeit mit dem 10-Tastschreibsystem zu bewältigen. Es gibt mittlerweile gute Online-Kurse, wo Sie von zu Hause aus das 10-Finger-System erlernen können.

Aufgabe:
Zu Beginn tippen Sie bitte folgenden Text ab, der im Folgenden weiterbearbeitet wird.

Fachtext:

Medienerziehung in der Familie
Tipp 1: Das Internet nicht verteufeln
Neben der unmittelbar greifbaren Welt bietet auch der virtuelle Raum Ihrem Kind die Möglichkeit, mit Neugierde die Welt zu entdecken – und das sollte es auch dürfen. Denn gleichzeitig erschließt sich Ihrem Kind so eine wichtige Kulturtechnik unserer Zeit.

Tipp 2: Wichtige Begriffe und Inhalte erklären
Um eine erste Basis zu schaffen, ist es sinnvoll, wenn Sie Ihrem Sohn oder Ihrer Tochter die wichtigsten Begriffe des Internets erklären können: Was bedeutet es, online zu sein? Was sind Chats und wie nutze ich Suchmaschinen? Außerdem sollten Sie, ggf. etwas später, auch Themen wie Datenschutz oder sichere Webseiten erklären bzw. im Gespräch über Veränderungen bleiben. Je mehr Sie Ihrem Kind am Anfang erklären können, desto besser kann es das Netz sicher nutzen. Guter Nebeneffekt: Ihr Kind entdeckt Sie als wichtigen Ansprechpartner für alle Fragen zum Internet und zu digitalen Medien.

Tipp 3: Medienerziehung in der Familie heißt auch, Vorbild sein
Einen gesunden Umgang mit Medien erlernt Ihr Kind dank guter Vorbilder, von denen es erfährt, dass Laptop und Smartphone ein wichtiger, aber eben nur ein Teil seiner Lebenswirklichkeit sind. Ihr eigenes Nutzungsverhalten sollte so maßvoll sein, wie Sie es von Ihrem Kind erwarten – denn Kinder ahmen nach und folgen Ihrem Beispiel, nicht Ihrem Rat. Wenn Eltern ihre Freizeit vor dem Laptop verbringen, wird ihr Kind kaum verstehen, warum es soziale Kontakte pflegen soll. (Quelle: https://www-de.scoyo.com/eltern/kinder-und-medien/medienerziehung-in-der-familie-tipps-eltern)

2.1.1 Schriftart und Schriftgröße

Zur grundlegenden Gestaltung gehört die Wahl der Schriftart und der Schriftgröße. Hierzu das Band „Start" aktivieren, dort finden Sie Schriftart und Schriftgröße. Zudem können Sie dort entscheiden, ob ein Teil des Textes zur besseren Verdeutlichung fett, kursiv (schräg) oder unterstrichen sein soll.

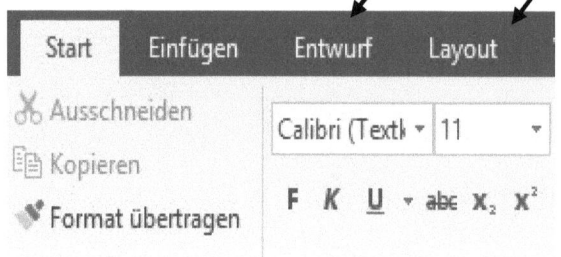

Zwischenaufgabe: Verändern Sie jeden Tipp des Übungstextes zu „fett" und Schriftgröße „13pt".

Die Überschrift bitte zu Schriftart „Arial", 16pt und unterstrichen.

Exkurs: Was ist „pt"? „Pt" heißt „point" oder auch „Punkt" und ist eine Einheit zur Bemessung von Schrift- und Abstandsgrößen. Dabei ist 1pt = 0,353 mm. Eine Standardschriftgröße ist in Word 12pt. Wobei die Größe auch durch die Schriftart (z.B. TimesNewRoman) beeinflusst wird.

Der Text sollte nun so aussehen:

Medienerziehung in der Familie
Tipp 1: Das Internet nicht verteufeln
Neben der unmittelbar greifbaren Welt bietet auch der virtuelle Raum Ihrem Kind die Möglichkeit, mit Neugierde die Welt zu entdecken – und das sollte es auch dürfen. Denn gleichzeitig erschließt sich Ihrem Kind so eine wichtige Kulturtechnik unserer Zeit.
Tipp 2: Wichtige Begriffe und Inhalte erklären
Um eine erste Basis zu schaffen, ist es sinnvoll, wenn Sie Ihrem Sohn oder Ihrer Tochter die wichtigsten Begriffe des Internets erklären können: Was bedeutet es, online zu sein? Was sind (..)
Tipp 3: Medienerziehung in der Familie heißt auch, Vorbild sein
Einen gesunden Umgang mit Medien erlernt Ihr Kind dank guter Vorbilder, von denen es erfährt, dass Laptop und Smartphone ein wichtiger, aber eben nur ein Teil seiner (…)

Format übertragen

Bei der Formatierung der Tipps, musste immer wieder das gleiche Format verwendet werden. Hier hilft der Formatpinsel, der einfach das Format eines markierten Bereichs auf einen neuen Bereich überträgt.

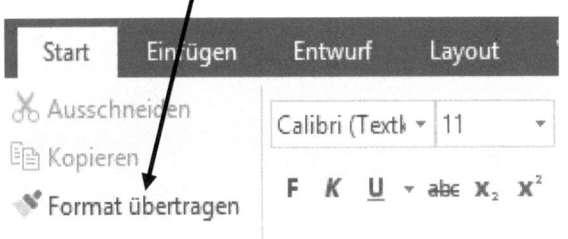

Die Vorgehensweise dabei ist: Text markieren (rechte Maustaste), Pinsel anklicken, neuen Bereich markieren → Das Format ist übertragen.

2.1.2 Zeilenabstand, Texteinzug und Absätze

Beim Zeilenabstand ist bei wissenschaftlichen Texten oft der Abstand von 1,5 verlang. Ebenfalls im Band „START" finden sich vorgegebene Zeilenabstände. Hier kann das passende

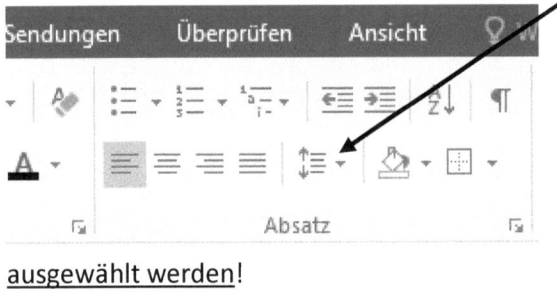
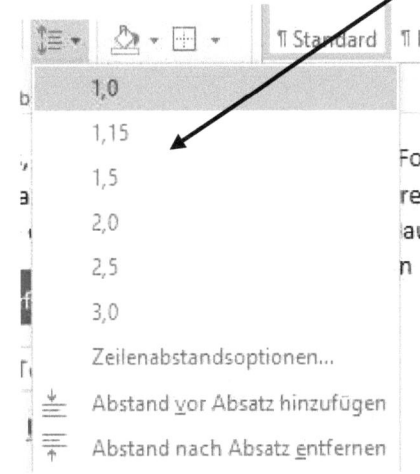

ausgewählt werden!

Zwischenaufgabe:

Markieren Sie den Fachtext und wählen Sie als Zeilenabstand 1,5.

Manchmal reichen jedoch die angegebenen Zeilenabstände nicht aus oder sind nicht passend. Dann lässt sich über „Zeilenabstandsoptionen" eine Feinpassung der Zeilenabstände aber auch der Absätze generieren. So lässt sich hier bestimmen, wie der Text („Textkörper") seine Ausrichtung hat. Mit Gliederungsebene ist gemeint, ob z.B. die Formatierung für die Überschrift Ebene 1 (also die oberste Überschrift, für die Überschrift Ebene 2 oder für den Textkörper (Standard) gelten soll). Diese zusätzlichen Formatierungsmöglichkeiten erhalten Sie, wenn Sie im Formatbereich auf das kleine Symbol in der rechten unteren Ecke klicken.

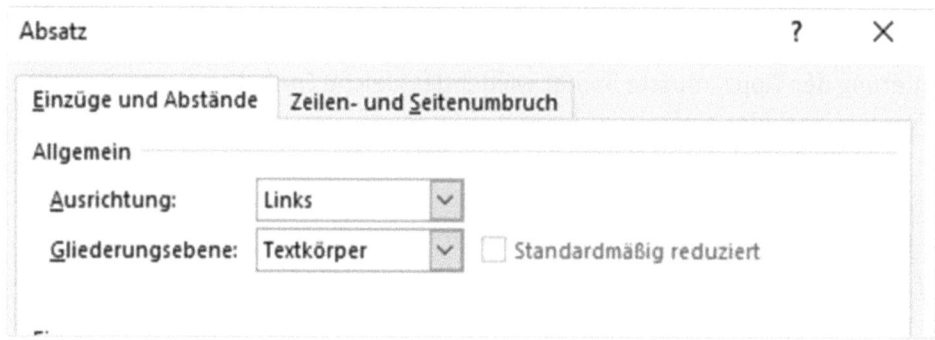

Mit diesen zusätzlichen Formatierungsmöglichkeiten lassen sich noch weitere Gestaltungen umsetzen:

Einzüge von Text (der Text rückt vom rechten oder linken Rand ein):

Abstand vor und nach Absätzen:

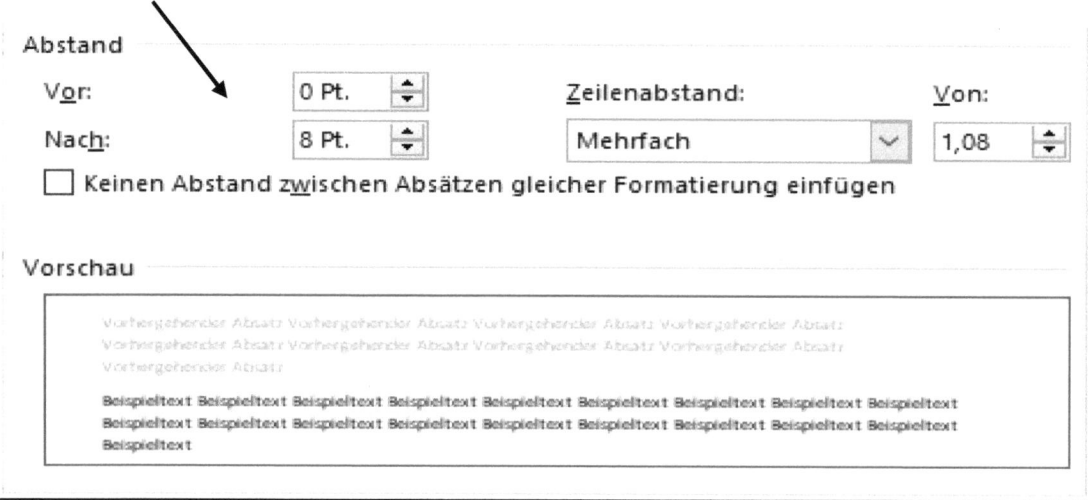

Zwischenaufgabe: Verändern Sie den Übungstext zu Ausrichtung „links" für den Textkörper. Der Textkörper (nicht die Überschrift „Medienerziehung..." soll um 2 cm eingezogen sein.

Nach jedem Absatz (nach jedem Tipp) soll der Abstand 12pt betragen.

2.1.3 Einfügen von Elementen und Bildern

Texte leben von Bildern und anderen Elemente, die der Veranschaulichung dienen. Bilder fügen Sie ein über das Band „Einfügen". Sobald „Bilder" angeklickt ist, öffnet sich das Dateienverzeichnis und Sie können das Bild im entsprechenden Ordner aufsuchen.

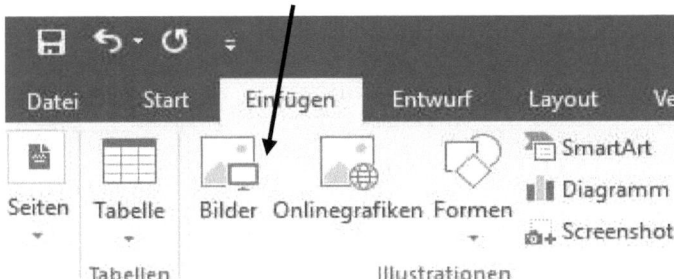

Zwischenaufgabe: Suchen Sie ein lizenzfreies Bild (z.B. bei Pixabay.com), passend zum Thema des Übungstextes und fügen Sie es in einer passenden Größe ein! (Stichwort z.B. Computer

Der Text wird nun in etwa so aussehen (Quelle: www.scoyo.de):

Medienerziehung in der Familie

Tipp 1: Das Internet nicht verteufeln

Neben der unmittelbar greifbaren Welt bietet auch der virtuelle Raum Ihrem Kind die Möglichkeit, mit Neugierde die Welt zu entdecken – und das sollte es auch dürfen. Denn gleichzeitig erschließt sich Ihrem Kind so eine wichtige Kulturtechnik unserer Zeit.

Tipp 2: Wichtige Begriffe und Inhalte erklären

Um eine erste Basis zu schaffen, ist es sinnvoll, wenn Sie Ihrem Sohn oder Ihrer Tochter die wichtigsten Begriffe des Internets erklären können: Was bedeutet es, online zu sein? Was sind (..)

Tipp 3: Medienerziehung in der Familie heißt auch, Vorbild sein

Einen gesunden Umgang mit Medien erlernt Ihr Kind dank guter Vorbilder, von denen es erfährt, dass Laptop und Smartphone ein wichtiger, aber eben nur ein Teil seiner (...)

Das Bild ist noch zu groß und passt sich nicht in den Text ein! Das Bild kann nun direkt in Word bearbeitet werden. Um es in den Text passgenau einzufügen, klicken Sie bitte zunächst auf das Bild, um die darunterliegenden Funktionen zu aktivieren.

Neben dem Bild erscheint das folgende Symbol:

Beim Anklicken dieses Symbols erscheint die folgende Auswahl:

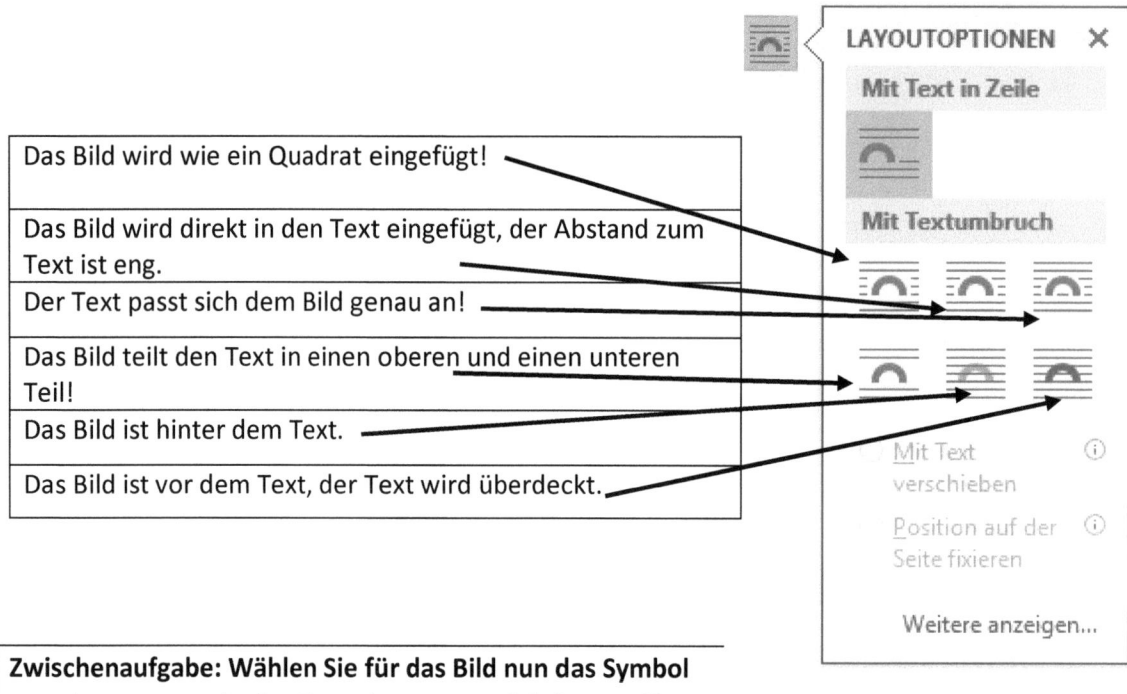

| Das Bild wird wie ein Quadrat eingefügt! |
| Das Bild wird direkt in den Text eingefügt, der Abstand zum Text ist eng. |
| Der Text passt sich dem Bild genau an! |
| Das Bild teilt den Text in einen oberen und einen unteren Teil! |
| Das Bild ist hinter dem Text. |
| Das Bild ist vor dem Text, der Text wird überdeckt. |

Zwischenaufgabe: Wählen Sie für das Bild nun das Symbol aus, das es genau in den Test eingepasst wird. Passen Sie auch die Größe des Bildes an, dabei müssen Sie die Ecken des Bildes anklicken und können das Bild strecken bzw. schrumpfen.

Ihr Zwischenergebnis müsste nun so (oder so ähnlich) aussehen:

Medienerziehung in der Familie
Tipp 1: Das Internet nicht verteufeln
Neben der unmittelbar greifbaren Welt bietet auch der virtuelle Raum Ihrem Kind die Möglichkeit, mit Neugierde die Welt zu entdecken – und das sollte es auch dürfen.

Denn gleichzeitig erschließt sich Ihrem Kind so eine wichtige Kulturtechnik unserer Zeit.
Tipp 2: Wichtige Begriffe und Inhalte erklären
Um eine erste Basis zu schaffen, ist es sinnvoll, wenn Sie Ihrem Sohn oder Ihrer Tochter die wichtigsten Begriffe des Internets erklären können: Was bedeutet es, online zu sein? Was sind (..)
Tipp 3: Medienerziehung in der Familie heißt auch, Vorbild sein
Einen gesunden Umgang mit Medien erlernt Ihr Kind dank guter Vorbilder, von denen es erfährt, dass Laptop und Smartphone ein wichtiger, aber eben nur ein Teil seiner (...)

2.1.4 Zuschneiden und Rahmen des Bildes direkt in Word

Bilder werden gewöhnlich mit Bildbearbeitungsprogrammen verändert und wunschgemäß angepasst. Word bietet jedoch auch die Funktion, dass einige grundlegende Bildbearbeitungsfunktionen direkt in Word umgesetzt werden können. Hierzu klicken Sie auf die rechte Maustaste, dort in der Auswahl ganz unten, die Funktion „Grafik formatieren".

Es erscheint am rechten Bildschirmrand die Auswahl:

Grafik formatieren

▷ Schatten

▷ Spiegelung

▷ Leuchteffekt

▷ Weiche Kanten

▶ 3D-Format

▷ 3D-Drehung

▷ ...stlerische Effekte

Zwischenaufgabe: Probieren Sie einfach verschiedene Funktionen aus und wählen eine grafisch anspruchsvolle Option.

Beim Rechtsklick auf das Bild erscheinen zudem die folgenden Symbole:

Formatvorlage Zuschneiden

Insbesondere die Funktion „Zuschneiden" ist besonders hilfreich, um z.B. aus einem großen Bild einen Teil auszuschneiden.

Zwischenaufgabe: Sie wollen nur das Mädchen und den Laptop auf dem Bild haben!

Ihr Zwischenergebnis müsste nun so (oder so ähnlich) aussehen:

Medienerziehung in der Familie
Tipp 1: Das Internet nicht verteufeln

Neben der unmittelbar greifbaren Welt bietet auch der virtuelle Raum Ihrem Kind die Möglichkeit, mit Neugierde die Welt zu entdecken – und das sollte es auch dürfen. Denn gleichzeitig erschließt sich Ihrem Kind so eine wichtige Kulturtechnik unserer Zeit.

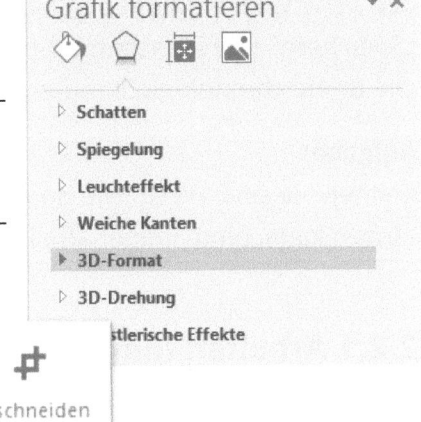

Tipp 2: Wichtige Begriffe und Inhalte erklären

Um eine erste Basis zu schaffen, ist es sinnvoll, wenn Sie Ihrem Sohn oder Ihrer Tochter die wichtigsten Begriffe des Internets erklären können: Was bedeutet es, online zu sein? Was sind (..)

Tipp 3: Medienerziehung in der Familie heißt auch, Vorbild sein

Einen gesunden Umgang mit Medien erlernt Ihr Kind dank guter Vorbilder, von denen es erfährt, dass Laptop und Smartphone ein wichtiger, aber eben nur ein Teil seiner (...)

2.2 Vorlagen für die Bürokommunikation – Word-Templates

Fall:

Bernhard Hastig schreibt wöchentlich einen Elternbrief. Er nimmt meist den Brief von der Vorwoche und tippt den neuen Text hinein, manchmal drückt er direkt auf „Speichern" und überschreibt damit den alten Brief, was ärgerlich ist, da er eigentlich alle Briefe chronologisch aufbewahren möchte.

Aufgabe:

Kennen Sie einen Weg, wie Bernhard H. das Format des Elternbriefs immer wieder nutzen kann, ohne immer alte Dateien aufzurufen?

2.2.1 Arbeiten mit Templates und Vorlagen

Es ist ein unguter Brauch bei Geschäftsbriefen, dass oft alte Briefe als Vorlage für das Verfassen eines neuen Briefes verwendet werden. Schreibt man einfach in einen alten Brief hinein und speichert vorschnell, ist der alte Brief verschwunden, den man evtl. auch noch hätte gebrauchen können.

Der professionelle Ansatz besteht darin, dass Vorlagen für verschiedene Anwendungsbereiche (z.B. Flyer, Aushänge, Handouts und Geschäftsbriefe) erstellt werden. Verfasst man dann ein neues Dokument, wird zuerst die Vorlage geöffnet. Vorlagen verlangen dann immer das Speichern als eigentliches Dokument, die Vorlage bleibt also unverändert.

Beispiel (bitte direkt mitarbeiten):

Die Leitung der Kita Sonnenschein erarbeitet für Briefe folgenden Entwurf:

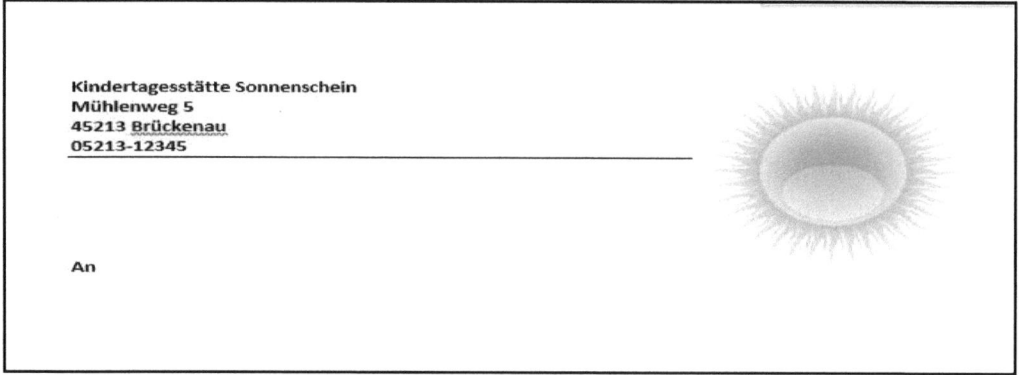

Anmerkung: Das Bild mit der Sonne als Logo ist ein lizenzfreies Bild[1] von pixaybay.com. Bitte verwenden Sie auch immer lizenzfreie Bilder und beachten Sie die Urheber- und Verwertungsrechte (mehr dazu im Kapitel zu Medienrecht)!

---

[1] https://pixabay.com/de/sonne-wetter-wettervorhersage-157126/

Der Brief wird jetzt nicht als Word-Dokument gespeichert, sondern Sie müssen bei dem Befehl „Speichern Unter" die Rubrik „Word-Vorlage" auswählen:

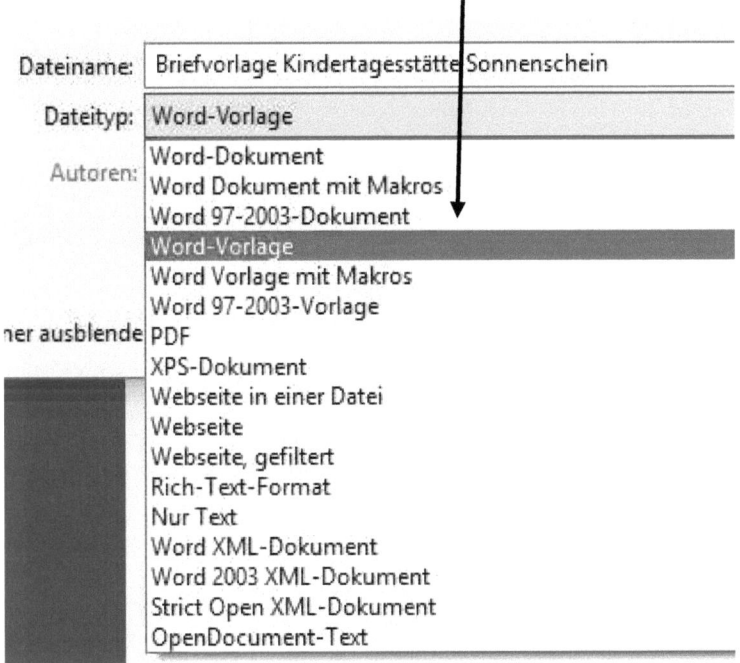

Der Briefentwurf wird nun als benutzerdefiniert Word-Vorlage abgespeichert. Word hält hierzu einen eigenen Ordner bereit, wo sämtliche Vorlagen zentral gespeichert werden.

2.3 Professionelle Briefe an Eltern und Externe mit Word

Fall: Bernhard Hastig kennt nun die Word-Vorlage, mit seinen Briefen ist er jedoch noch nicht zufrieden. Die Abstände sind nicht so, wie er es von Geschäftsbriefen her kennt. **Aufgabe:** Recherchieren Sie, welche Vorschriften es für einen professionellen Geschäftsbrief gibt?

2.3.1 Schreiben von professionellen Briefen

Word ist ein vielseitiges Textverarbeitungsprogramm mit dem sich ganze Bücher schreiben und ansprechend gestalten lassen. Die häufigste Verwendung findet sich bei Word jedoch im Bereich der Erstellung von Geschäftsbriefen. Im Folgenden soll dargestellt werden, wie professionelle Geschäftsbriefe erstellt werden können.

Geschäftsbriefe sind in ihrer Gestaltung nicht frei, sondern sollten sich nach bestimmen Vorgaben richten. Vorgaben ergeben sich im Geschäftsbereich durch die DIN (Deutsche Industrie Norm, z.B. Din-A-4 als Größe für Papier usw.). So gibt es auch für Geschäftsbriefe festgelegte Normen. So z.B. je DIN 5008, die eine Struktur für Geschäftsbriefe[2] festlegt:

```
1. Briefkopf
- Namen
- Anschrift
- Telefon-, evtl. Faxnummer
- Mobilnummer
- Email-Adresse

2. Ggf. Postalische Zusätze und Vermerke

3. Postalische Anschrift
- Unternehmen GmbH & Co.
- Herrn/Frau Ansprechpartner
- Straße, Postfach
- PLZ, Ort

                                                    Datum

4. Betreffzeile (ohne das Wort "Betreff" zu verwenden), falls Vorhanden mit
Aktenzeichen, Referenz- oder Rechnungsnummer.

5. Anrede des Ansprechpartners.

Wer auf die äußere Form achtet, macht schon auf den ersten Blick einen
professionellen Eindruck und wird ernst genommen. Durch den einheitlichen Aufbau
erkennt der Empfänger außerdem gleich, worum es Ihnen geht, und Ihr Anliegen
kann schnell bearbeitet werden.

Der Brieftext ist in eine Einleitung (zwei bis drei verbindliche oder erklärende Zeilen),
den Hauptteil (die Beschreibung des eigentlichen Anliegens) und den Schluss
(Hinweis auf Vorgehen, Erwartungen und Forderungen) gegliedert.

Zur Strukturierung des Textes folgt nach jedem Absatz eine Leerzeile.

Die Grußformel am Textende kann je nach Bekanntheitsgrad auch persönlicher
ausfallen als „Mit freundlichen Grüßen".

Dann folgt der Name des Unterschreibenden, evtl. ein Postskriptum und je nach
Notwendigkeit evtl. dazugehörige Anlagen.
```

Wichtig: Geschäftsbrief bedeutet nicht, dass dieses Format nur für die Korrespondenz von rein geschäftlichen Angelegenheiten genutzt werden sollte. Auch im Kita-Bereich erweckt es einen professionellen Eindruck, wenn z.B. für Elternbriefe, Briefe an die Öffentlichkeit sowie an den Träger dieses Format gewählt wird!

Zu den einzelnen Elementen:

1. Briefkopf: Jeder professionelle Geschäftsbrief sollte einen Briefkopf aus dem die Einrichtung des Urhebers des Briefes klar hervorgeht. Im Sinne einer Corporate Identity sollte auch das Logo im Briefkopf ansprechend dargestellt sein.

2. 3. Anschrift: Hier kommt die Adresse des Briefempfängers hin. Wichtig, schreiben Sie bei einer größeren Institution eine bestimmte Person an, so nennen Sie nach der Nennung den Namen der angeschriebenen Person. Die Abkürzung „z.Hd." (zu Händen) ist nicht mehr gebräuchlich und wirkt überholt.

---

[2] (Quelle: https://www.deutschepost.de/content/dam/dpag/images/B_b/briefvorlagen/downloads/briefvorlage-musterbrief.pdf)

Datum: Beim Datum ist mittlerweile folgende Format üblich: Jahr-Monat-Tag (2018-07-23). Erlaubt ist auch nach wie vor die Schreibweise: Tag.Monat.Jahr (Der Monat kann dabei auch ausgeschrieben sein). Es könnte jedoch international zu Verwirrungen führen.

4. Wichtig ist immer eine Betreffzeile, aus der genau der Gegenstand des Briefes hervorgeht (z.B. „Ihre Beschwerde vom 07.05.2016" etc.) Aktenzeichen, Kundennummer etc. die die Identifikation und Zuordnung des Sachverhaltes erleichtern, sollten immer auch genannt werden.

5. Sehr positiv ist immer die persönliche Anrede. Hier entfalten Serienbriefe einen großen nutzen. Schreiben Sie z.B. als KITA-Leitung die Eltern an, so wirkt es natürlich viel persönlicher wenn Sie statt „Liebe Erziehungs- und Sorgeberechtigte" direkt schreiben „Liebe Familie Müller". Im Brieftext selbst sollten Sie sich klar und kurzfassen, z.B. kurze Beschreibung eines Sachverhaltes und Darstellung eines Lösungsansatzes. In der Regel wollen Sie mit dem Brief nicht nur informieren, sondern den Adressaten zu einer bestimmten Aktion auffordern. Diesen Abschnitt sollten Sie durch einen eigenen Absatz kenntlich machen. Der Leser soll sofort erfassen können, was er tun soll (z.B. „Bitte geben Sie uns bis 10.03 Rückmeldung ob sie an dem geplanten Ausflug als Betreuungsperson teilnehmen können!")

Am Ende des Schreibens ist die **Grußformel** „Mit freundlichen Grüßen" Standard kann aber auch herzlicher ausfallen.

Sind noch zusätzliche Dokumente dem Brief beigelegt, könnten diese unter „Anlagen:" einzeln aufgelistet werde, es genügt allerdings auch einfach „Anlagen" zu schreiben.

Übungszeit zu Kapitel 2.3:

Aufgabe 1:

Entwickeln Sie ein Template für einen professionellen Elternbrief. In der Vorlage soll der Briefkopf, Datum und Ort, Betreff, Anrede sowie Grußformel am Ende vorgearbeitet sein.

Aufgabe 2

Erstellen Sie einen Geschäftsbrief nach DIN 5008. Sie sind Leiter/Leiterin der KITA Sonnenschein (Daten des Briefkopfes können Sie frei erfinden). Sie fragen bei der Spielgeräte GmbH nach einem Kostenvoranschlag für den Ausbau des Kita-eigenen Spielplatzes. Beschreiben Sie kurz die Situation des Renovierungsbedarfs. Bitte Sie einen Vertreter zur Vor-Ort-Begehung. (Lösung im Beispiel auf der nächsten Seite!)

> **Bitte verwenden Sie auch immer lizenzfreie Bilder und beachten Sie die Urheber- und Verwertungsrechte (mehr dazu im Kapitel 8 zu Medienrecht)!**

2.4 Ansprechende Flyer und Broschüren für die KITA

Fall:

Bernhard Hastig möchte für seine KITA einen tollen Werbeflyer erstellen. Von der konfessionellen Kita im gleichen Ort hat er solch einen Flyer in die Hände bekommen. Er überlegt, wie er das nun selbst hinbekommen könnte. Muss er sich hierfür eine eigene Software kaufen, aber das Budget ist sehr begrenzt?

Aufgabe:

Recherchieren Sie verschiedene Möglichkeiten, wie ein Flyer erstellt werden kann!

2.4.1 Falzflyer mit WORD

Eine einfache Möglichkeit einen Flyer mit Word zu erstellen, bietet WORD, in dem im Prinzip eine Din-A-4 Seite (Grundeinstellung von WORD) im Querformat genommen wird und dann diese Seite gefaltet wird.

Vorgehensweise:

- Als Vorbereitung sollten sie ein DIN-A-4-Blatt in Papier nehmen, legen es quer und falten Sie es so, dass 3 gleiche Teile entstehen.
- Markieren Sie die einzelnen Seiten der Vorderseite anlog der folgenden Vorlage mit Seitenzahlen.
- Drehen Sie das Blatt nach links um.
- Markieren Sie jetzt die Rückseite des Blattes ebenfalls mit Seitenzahlen.
- Vorderseite 5 – Rückseite 4 / Vorderseite 6 – Rückseite 3 / Vorderseite 1 – Rückseite 2 Falten Sie das Blatt.

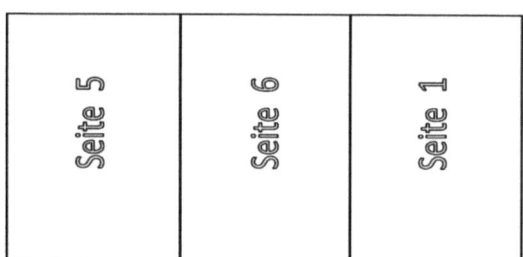

← Vorderseite des DIN-A-4-Blattes

Gefaltetes DIN-A-4-Blatt →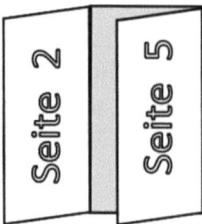

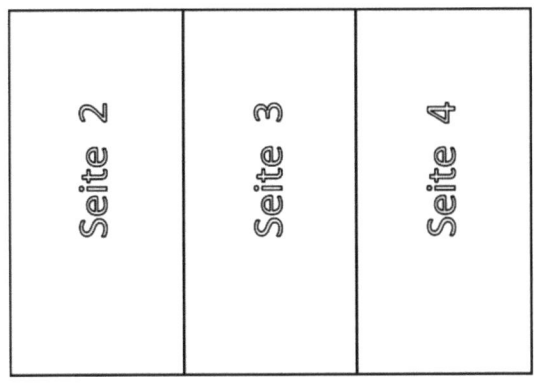

← Rückseite des gedrehten DIN-A-4-Blattes

Diese Vorarbeiten helfen Ihnen sich nachher in Word gut zurecht zu finden.

Nun die Arbeiten mit WORD:

Gehen Sie in das WORD-Menü, Reiter „Layout" und wählen Querformat:

Wählen Sie dann bei Layout die Anzahl der Spalten für diese Seite. WORD unterteilt dann die Seite in drei gleich große Spalten. Alternativ ließe sich das auch über eine Tabelle machen, Word ist bei den Spalten jedoch genauer und einfacher zu handhaben. Die Spaltenabstände müssen die doppelte Stärke des linken bzw. rechten Seitenrandes aufweisen, damit die Ränder auf jeder Flyer-Seite gleich sind (z.B. Seitenrand links und rechts jeweils 0,5 cm – Spaltenabstand 1 cm).

Wenn Sie die Seite einrichten, können Sie die Abstände über das Lineal, <u>das dann automatisch in WORD mit angezeigt wird</u>, einrichten:

Nun sollten Sie in die Spalten <u>Textfelder einfügen</u>:

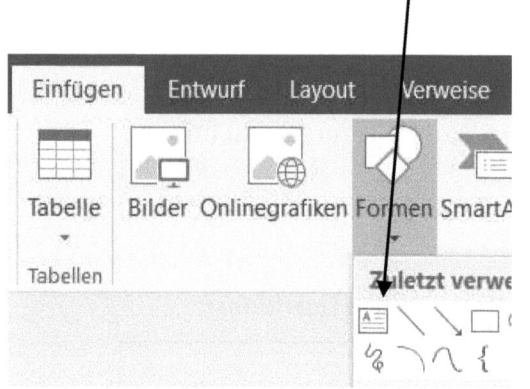

Fügen Sie das Textfeld passgenau in die Spalte ein. Klicken Sie dann das Textfeld mit der rechten Maustaste an und es öffnet sich das Kontextmenü. Stellen Sie dann den Rahmen auf „unsichtbar", so dass der Rahmen um das Textfeld verschwindet.

Nun können Sie Texte und Bilder einfügen und formatieren, wie Sie es bereits in den vorigen Kapiteln gelernt haben.

Übungszeit zu Kapitel 2.4

Aufgabe

Erstellen Sie für Ihre eigene Kita (oder eine Einrichtung Ihrer Wahl) einen Info-Flyer, der kurz und bündig die Einrichtung vorstellt. Er soll Bilder der Einrichtung, Schlagwort zum Qualitätsprofil sowie die Kontaktdaten der Einrichtung enthalten.

2.5 Große Texte gestalten mit WORD

Einstiegsfall:

Lisa Feist ist im Anerkennungsjahr, nun steht die Projektarbeit für die Abschlussprüfung an. Sie hat eine 20-seitige Arbeit über ihr Projekt geschrieben. Die Überschriften der Kapitel kopiert sie und fügt sie am Anfang des umfangreichen Dokumentes ein, um damit ein Inhaltsverzeichnis zu erstellen. Dies ist äußerst mühsam, da ihr die Seitenzahlen immer wieder verrutschen und sie aufpassen muss, dass auch bei Formulierungsänderungen der Überschriften, sie alles aktuell hält.

Aufgabe:
Überlegen Sie, wie Lisa ihren Arbeitsstil optimieren könnte! Machen Sie Vorschläge!

Auch im sozialpädagogischen Berufsfeld kann es vorkommen, dass Sie längere Textpassagen erstellen müssen, so z.B.:

- Abschlussarbeit Anerkennungsjahr Berufspraktikum Erzieher
- Dokumentation von individuellen Fördermaßnahmen
- Entwicklungsberichte
- Abschlussarbeit Fachwirte für Organisation und Führung
- Bachelor / Masterarbeit Studiengänge Sozialpädagogik etc.

2.5.1 Das automatisierte Inhaltsverzeichnis

Für die Gestaltung von großen Texten bietet Word zahlreiche Hilfestellungen, die wichtigsten sollen hier benannt und deren Anwendung an Beispielen beschrieben werden.

Wir nehmen wieder den bereits bekannten Beispieltext aus dem Kapitel 2.1. Statt der Tipps handelt es sich nun um Kapitelüberschriften.

Zwischenaufgabe: Ergänzen Sie zu dem erarbeiteten Text aus Kapitel 1 die Überschriften mit den Kapitelzahlen!

---

1. Medienerziehung in der Familie

1.1 Das Internet nicht verteufeln

Neben der unmittelbar greifbaren Welt bietet auch der virtuelle Raum Ihrem Kind die Möglichkeit, mit Neugierde die Welt zu entdecken – und das sollte es auch dürfen. Denn gleichzeitig erschließt sich Ihrem Kind so eine wichtige Kulturtechnik unserer Zeit.

1.2 Wichtige Begriffe und Inhalte erklären

Um eine erste Basis zu schaffen, ist es sinnvoll, wenn Sie Ihrem Sohn oder Ihrer Tochter die wichtigsten Begriffe des Internets erklären können: Was bedeutet es, online zu sein? Was sind (..)

1.3 Medienerziehung in der Familie heißt auch, Vorbild sein

Einen gesunden Umgang mit Medien erlernt Ihr Kind dank guter Vorbilder, von denen es erfährt, dass Laptop und Smartphone ein wichtiger, aber eben nur ein Teil seiner (...)

Wichtig: Arbeiten Sie alle Schritte in Word aktiv mit!

Ergänzen Sie den Kapiteltext einfach durch einen Buchstabensalat, so dass die Überschriften entsprechend auf die nächsten Seiten rutschen. Nun haben wir so etwas wie einen langen Fachtext (auf den Inhalt kommt es ausnahmsweise derzeit nicht an!)

Nun gehen wir an die Formatierung der Kapitelüberschriften. Word hält für Überschriften bestimmte Formatvorlagen bereit, die es dann ermöglichen, ein automatisiertes Inhaltsverzeichnis zu erstellen.

Hierzu markieren Sie zunächst die jeweilige Überschrift. Wir widmen uns zunächst der Überschrift des Hauptkapitels „Medienerziehung in der Familie":

Schritt 1: Markieren Sie die Überschrift!

1. Medienerziehung in der Familie
1.1 Das Internet nicht verteufeln

Schritt 2: Gehen Sie auf das Band „Start"!

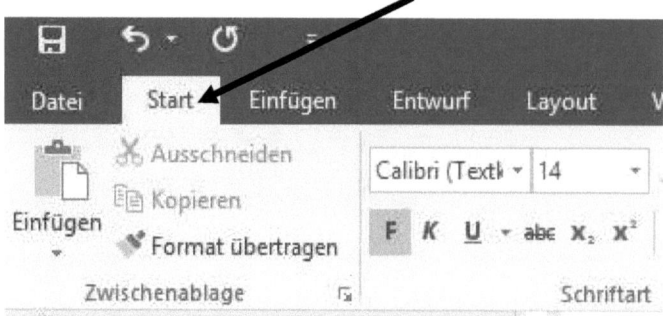

Dann erscheinen im rechten Teil des Bandes die Formatvorlagen:

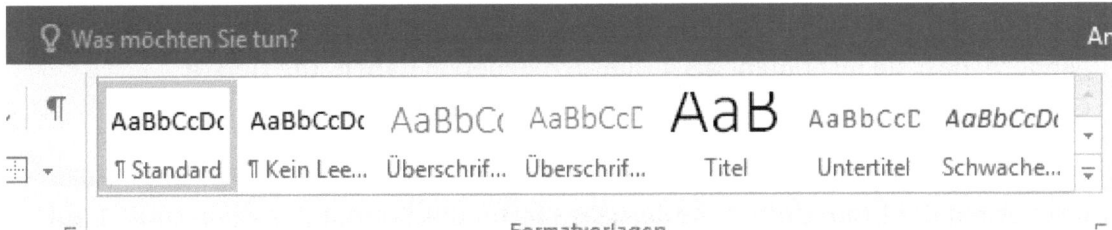

Schritt 3: Hier wählen wir die gewünschte Formatvorlage aus, in diesem Fall die „Überschrift 1". Da die voreingestellten Formate oft nicht passen, wählen wir unser eigenes.

Schritt 4: Klicken Sie mit der rechten Maustaste auf die Überschrift, es erscheint ein Ausklappmenü, dort auf „Ändern" klicken!

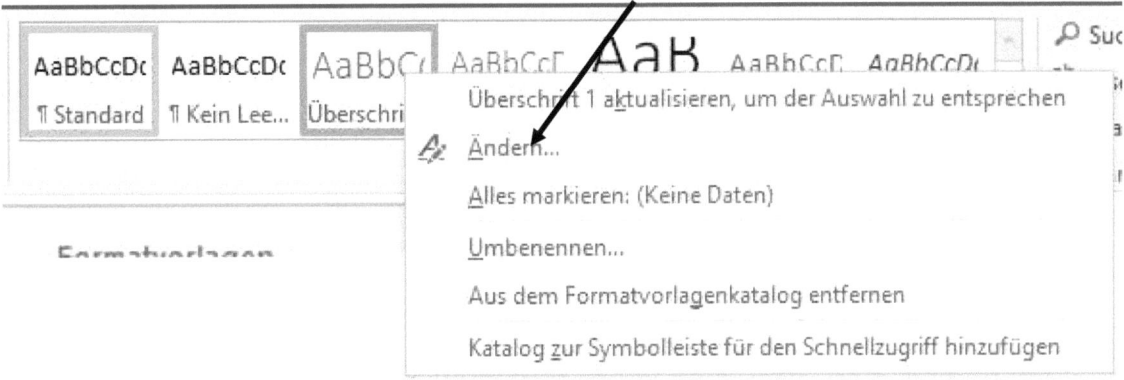

Schritt 5: Bei der sich öffnenden Maske können Sie nun das gewünschte Format wählen. Für die Überschrift des Hauptkapitels wählen wir Times New Roman, 18 pt, Farbe: Schwarz.

Ergebnis:

1. Medienerziehung in der Familie

Für die nächste Ebene der Kapitelüberschriften wählen wir die Überschrift 2. Die Überschriftsformate richten sich immer nach der Hierarchieebene der Überschriften in den Texten.

Überschrift 1	1. Medienerziehung in der Familie 2. Medienpädagogik 3. Medienprojekte usw.
Überschrift 2	1.1 Das Internet nicht verteufeln 1.2 Begriffe klären 1.3 Vorbildfunktion wahrnehmen
Überschrift 3	1.1.1 Internet mit Sperrzeiten 1.1.2 Router einrichten 1.1.3 Family Safety 1.1.4 Admin- und Kinder-Accounts
Überschrift 4	1.1.1.1……

> **Wichtig: In theoretischen Ausarbeitungen und Fachtexten sollten Sie den Text so gliedern, dass sie nicht mehr als 4 Hierarchieebenen haben. Die tiefste Gliederungsebene hat z.B. 4 Kapitelziffern (1.2.1.1 etc.).**
>
> **Zwischenaufgabe: Wählen Sie für die weiteren Überschriften in dem Beispieltext das Format der Überschrift 2. Ändern Sie hierfür das Format der Überschrift 2 auf TimesNewRoman, 14 pt, fett und kursiv.**

Wenn Sie die Vorarbeit mit der Formatierung der Überschriften erledigt haben, können Sie ein automatisiertes Inhaltsverzeichnis erstellen.

So gehen Sie vor:

1. Schritt: Klicken Sie auf den Reiter des Bandes „Verweise".

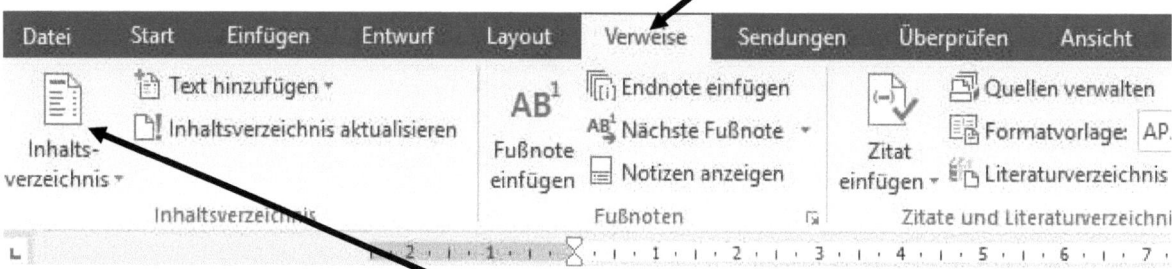

2. Schritt: Klicken Sie auf „Inhaltsverzeichnis"! Es öffnet sich ein Klapp-Menü mit verschiedenen Formaten für ein automatisiertes Inhaltsverzeichnis.

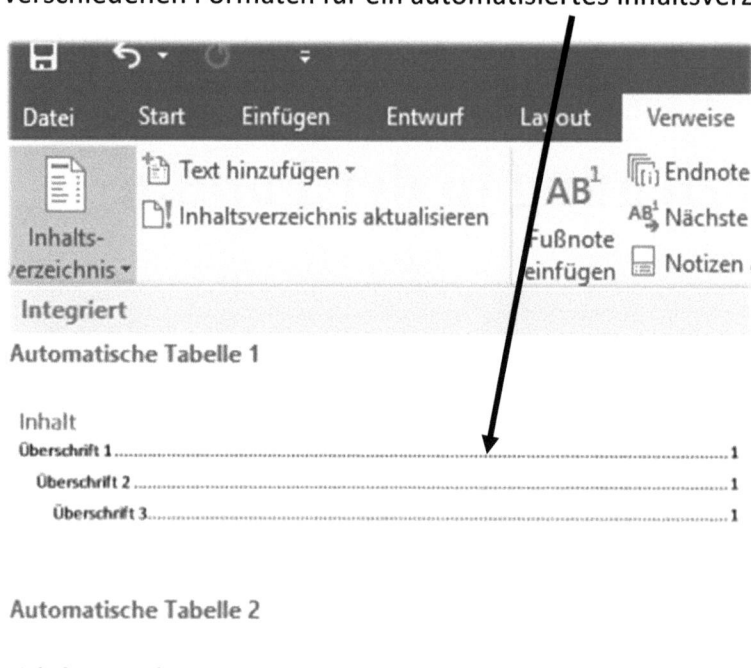

Es ergibt das folgende Inhaltsverzeichnis:

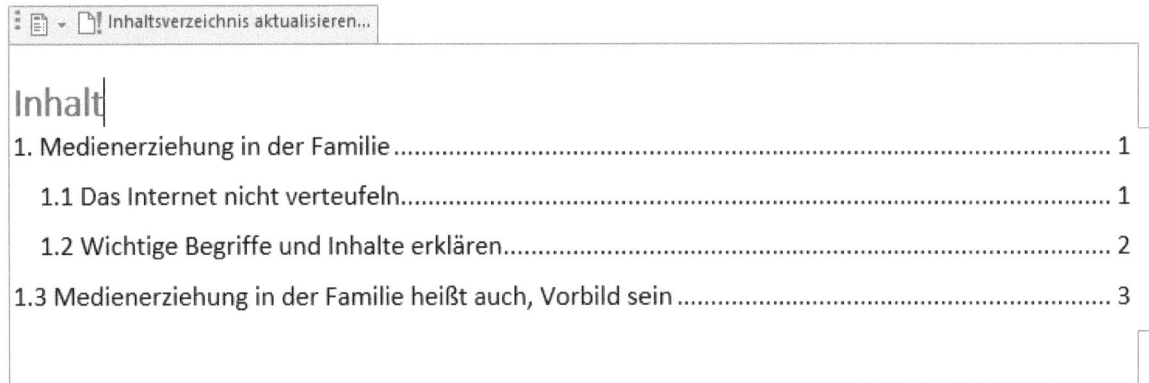

Sollte sich noch normaler Text zwischen den Überschriften befinden, dann müssen Sie diesen Text mit dem Format „Standard" formatieren.

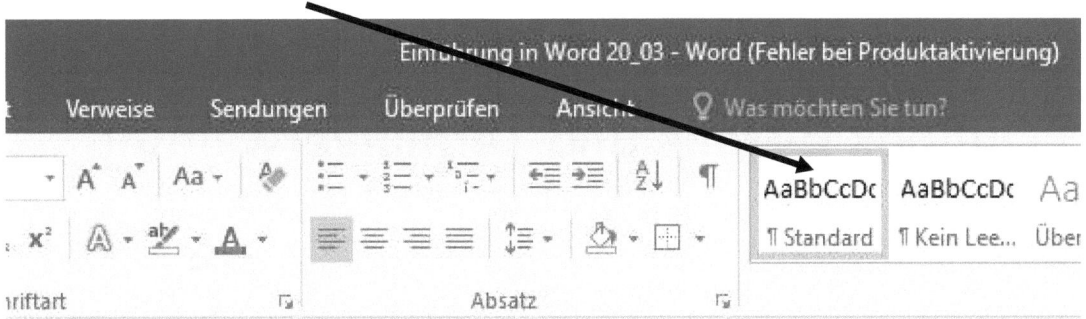

2.5.1 Einfügen von Fußnoten

Zu schriftlichen Arbeiten, die nach wissenschaftlichen Standards verfasst werden, gehört es selbstverständlich, dass alle Quellen exakt und genau angegeben werden. Hierzu werden Fußnoten gesetzt, was bei Word sehr einfach zu bewerkstelligen ist.

Haben Sie in ihren Text ein bestimmtes Zitat aus einer Primärquelle eingefügt, dann setzen Sie dieses Zitat in Anführungszeichen. Am Ende des Zitates setzen Sie den Verweis in Form einer Fußnote, was in Word eine fortlaufende Nummerierung der Fußnoten automatisch mit sich bringt. Die eigentliche Quelle wird im Fuß der Seite dargestellt.

Beispiel:

„Digitale Medien wirken auf die meisten Kinder faszinierend und spielen für viele von ihnen auch schon ab der frühen Kindheit eine Rolle."[5]

Folgende Schritte müssen hierfür durchgeführt werden:

- Klicken Sie auf den Reiter „Verweise" in der Word Menü-Leiste:

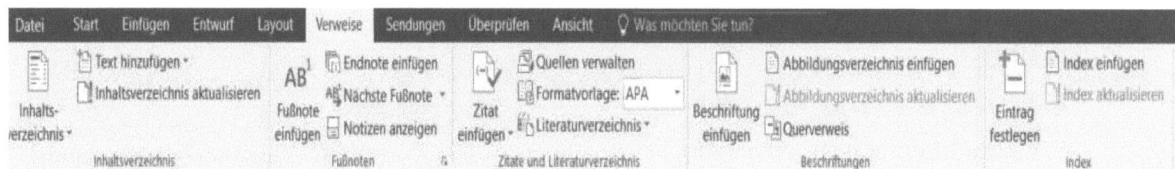

- Etwas mittig finden Sie „Fußnote einfügen".

- Automatisch erstellt Word eine Nummer an das Ende Ihres Zitats (dort muss sich der Cursor befinden!), im Fuß können Sie dann die Quelle angeben.

Wollen Sie die Fußnote wieder löschen, genügt es, die Nummer aus dem Text weg zu löschen, der Text im Fuß verschwindet dann automatisch.

3.Outlook E-Mails und Terminverwaltung

Fall:

Bernhard Hastig, Leiter der Kita Sonnenschein, mag Emails nicht, viel lieber ist ihm das direkte Gespräch oder ein Telefonat. Deshalb lässt er oft Emails, die ihn von Eltern erreichen, unbeantwortet oder beantwortet sie erst Tage später. Die Mails beantwortet er auch nur sehr knapp, da ihm die Zeit zu schade ist.

Aufgaben:

Beurteilen Sie das Verhalten Bernhards in Bezug auf die Außenwirkung und Öffentlichkeitsarbeit der Kita.

Wie könnte sein Verhalten optimiert werden?

3.1 E-Mail-Programme wie Outlook

Die meisten E-Mail-Programme bieten weitaus mehr als nur die E-Mail-Funktion. In der Regel umfassen sie neben dem Mail-Programm:
- einen oder mehrere Terminkalender
- Verwaltung von Adressen / Kontakten
- Erinnerungsfunktionen zur Termineinhaltung
- teilweise auch Projektmanagement-tools

Die Programme sind relativ selbst erklärend und leicht zu handhaben und müssen an dieser Stelle nicht ausschweifend erklärt werden. Viel wichtiger ist die sog. „Netikette", die im folgenden Kapitel näher erläutert wird.

3.2 Geschäftliche E-Mails schreiben und beantworten

Das Wort „Netikette" setzt sich zusammen aus den Begriffen NET für Internet und Etikette für gute Manieren. Die Netikette fasst die Regeln zusammen, die für einen guten und höflichen Umgang miteinander bei der E-Mail Korrespondenz im Internet zu beachten ist. Berufliche E-Mails müssen deswegen, genau wie Briefe, aussagekräftig und korrekt sein und klare Botschaften enthalten. Das Anliegen sollte klar und deutlich sowie in kurzen Sätzen formuliert werden. Das erspart dem Empfänger Zeit und erleichtert das Verständnis.

Zunächst zum „Timing":

Berufliche Mails sollten innerhalb von 24 Stunden beantwortet werden, so die Faustregel. Natürlich kann in der Flut der Mails nicht immer jede Mail im Detail beantwortet werden. Es ist jedoch guter Stil, wenn z.B. eine Standardantwort gegeben wird, z.B.:

> **Sehr geehrter Herr XX,**
>
> **vielen Dank für Ihre Anfrage. Bezüglich Ihres Anliegens muss ich erst Rücksprache mit der Gruppenleitern, Fr. Mayer, halten. Ich melde mich, sobald ich mehr Informationen habe.**
>
> **Mit freundlichen Grüßen**
>
> **Bernhard Hastig**
>
> **Kita-Leiter**

Damit die E-Mail tatsächlich nicht verschütt geht, lässt sich bei OUTLOOK eine Erinnerung für die Mail hinterlegen:

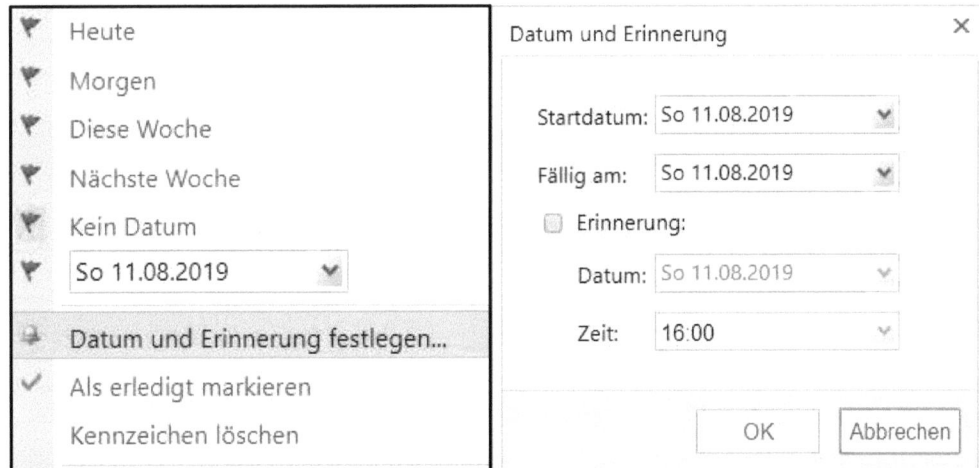

Im Fall eines Urlaubs sollte mit einer Abwesenheitsnotiz darauf hingewiesen werden, dass sich die Antwort verzögern könnte.

Abwesenheit

In Zeiten von längerer Abwesenheit, sollte immer eine Abwesenheitsnotiz in OUTLOOK hinterlegt werden. Die Abwesenheitsnotiz wird jedem, der eine E-Mail schickt, einmal als Antwort gegeben und könnte z.B. so lauten:

Sehr geehrte Damen und Herren,

vielen Dank für Ihre Nachricht.

Vom 01.07.2019 bis einschließlich 20.07.19 ist unsere Einrichtung geschlossen. Ihre Nachricht wird nicht weitergeleitet. Bitte wenden Sie sich in dringenden Fällen an meinen Kollegin beim Träger, Frau Anna Mayer (anna.mayer@trager.de).

Vielen Dank für Ihr Verständnis

Mit freundlichen Grüßen

In Outlook lässt sich die Abwesenheitsnotiz hinterlegen und es kann auch genau festgelegt werden, in welchem Abwesenheitszeitraum die Antwort verschickt werden soll:

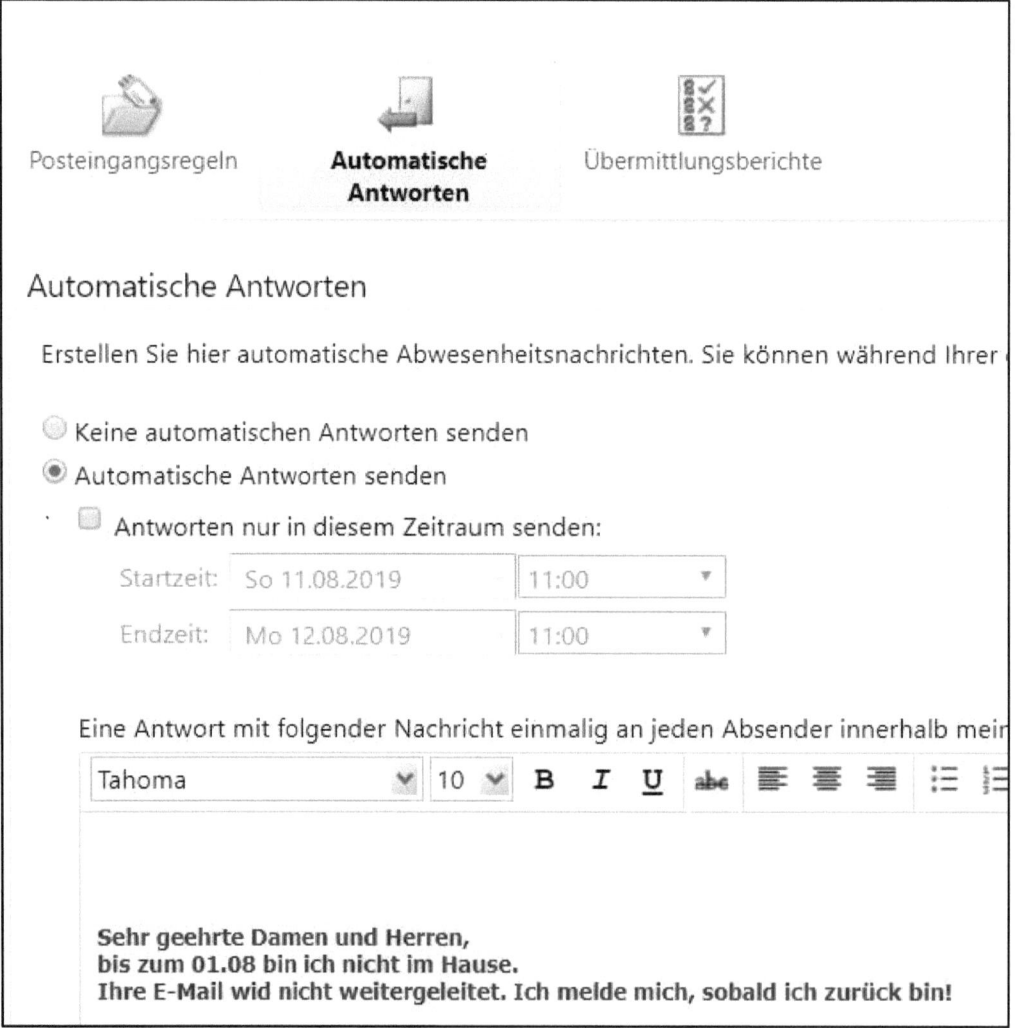

Länge einer E-Mail

Der alte Spruch „Fasse dich kurz!" gilt auch für geschäftliche Mails. Als Orientierung: Das Anliegen einer Mail sollte immer auf einen Laptopbildschirm passen. Zu lange Mails laufen Gefahr, dass sie nicht gelesen werden.

E-Mails richtig strukturieren

Wie bei einem guten Aufsatz ist auch bei einer guten E-Mail die Struktur wichtig:

- aussägekräftige Betreffzeile
- höfliche Anrede (passend!)
- kurzer Einleitungssatz
- Hauptteil in Absätze gegliedert
- freundlicher Schlusssatz zur Verabschiedung
- Grußformel, keine Abkürzungen wie „MfG" oder „VG" verwenden
- Vor- und Zuname des Absenders
- Signatur des Absenders (mit Kontaktdaten wie z.B. Telefonnummer etc.)

Anhänge in E-Mails

Viele Mails dienen nur noch dazu Dokumente zu übermitteln. Kurze Formulierung: „Anbei finden Sie die Aufstellung der Ausgaben in einer Excel-Datei". Der Anhang sollte 5 MB (MegaByte) nicht überschreiten, da sonst das Versenden schwierig werden kann.

Bei E-Mails außerhalb des Unternehmens Formate wie PDF, JPG oder ZIP zu verwenden, die von allen geöffnet werden können

Bei großen Dateien ist es besser eine Cloud-Freigabe zu verschicken, bei betriebsinternen Mails genügt es auch oft einfach einen Link in die interne Ordnerstruktur zu senden. Damit spart auch der Empfänger viel Zeit, weil er die Datei nicht neu abspeichern muss. Sollen mehrere Personen z.B. an einer POWERPOINT-Präsentation arbeiten, dann ist die Verlinkung ohnehin viel besser, da sich sonst mehrere Versionen ergeben, die mühsam wieder zusammengebaut werden müssen.

E-Mail oder persönliches Gespräch?

Bei komplexen Angelegenheiten ist eine E-Mail ineffektiv. Sobald sie merken, Sie müssen lange und ausschweifende Texte entwerfen, um eine Idee zu transportieren, sollten Sie die E-Mail höchstens dazu nutzen, um einen Telefontermin oder ein persönliches Gespräch zu vereinbaren.

4. POWERPOINT - Erfolgreiche Elternabende und Teamsitzungen

Fall:

Bernhard Hastig möchte einen Elternabend zum Thema „Medienpädagogik und Medienerziehung" halten. Er möchte selbst den Input-Vortrag machen und hat sehr viel Material für eine POWERPOINT-Präsentation zusammengetragen. Doch wenn er alles in den Vortrag packt, kommt er auf über 50 Folien, zudem ist es sehr viel Text.

Aufgabe:

Welche Tipps können Sie Bernhard für den POWERPOINT -Vortrag geben?

4.1 Präsentation mit Vorlage

Wenn Sie eine Präsentation vorbereiten möchten, können Sie auf zahlreiche ansehnliche Vorlagen von MS POWERPOINT zurückgreifen. Sie erreichen die Vorlagen, wenn Sie im Menü auf „Datei" und dann „Neu" klicken. Es erscheint eine große Auswahl an vorgefertigten Designvorlagen:

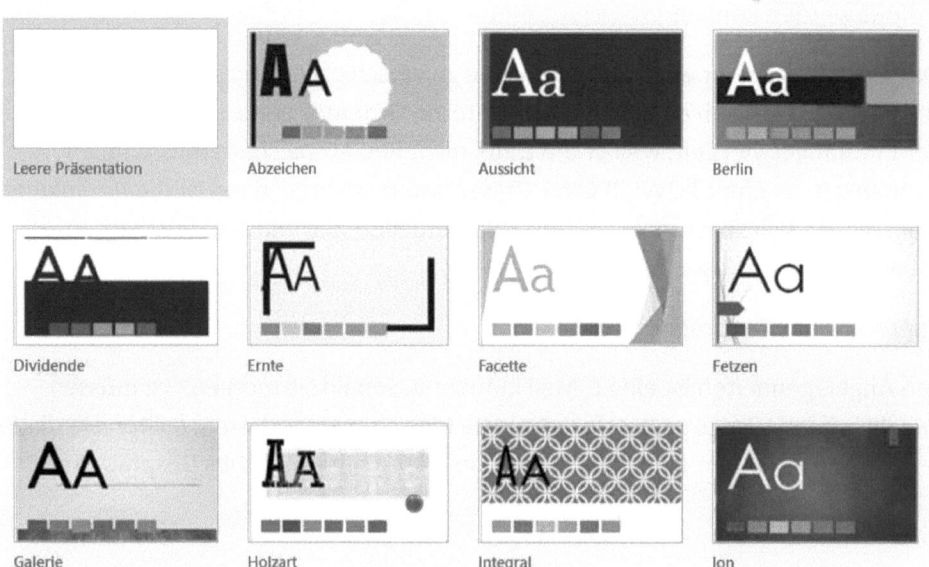

Wählen Sie eine passende Vorlage aus. Auch hier hilft POWERPOINT dem Nutzer. Die erste Folie, die das Design vorhält, ist die Titelfolie.

Über die <u>rechte Maustaste</u> erreichen Sie das folgende
Menü, womit Sie neue Folien einfügen können.

Die neuen Folien sind dann ohne Titel und können für die
Präsentation der Inhalte verwendet werden.

4.2 Einfügen von Bildern

Zum Einfügen von Bildern funktioniert das Menüband von POWERPOINT analog zu
den anderen Office-Produkten wie EXCEL oder WORD.

Über „<u>Einfügen</u>" können Sie Bilder, aber auch andere Elemente, wie z.B. eine Excel-
Grafik oder einen Screen-Shot einfügen:

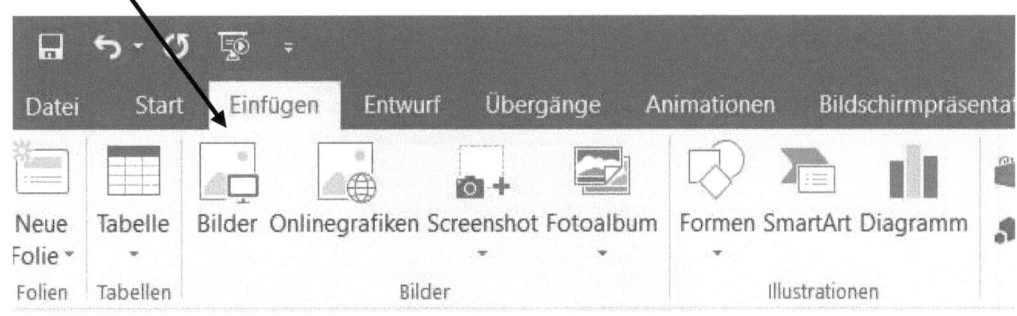

POWERPOINT ermöglicht, dass Bilder direkt im Programm bearbeitet werden können!

> **Zwischenaufgabe:**
> **Sie wollen eine kurze Powerpoint über Ihre KITA erstellen (Gebäude, Gruppenräume etc.). Fotografieren Sie mit einer Digitalkamera das Gebäude und die Räumlichkeiten. Wählen Sie eine passende Design-Vorlage aus und fügen Sie pro Folie ein Bild ein. Wie Sie diese Bilder dann bearbeiten können erfahren Sie im nächsten Kapitel.**

4.3 Bearbeiten von Bildern in POWERPOINT

Sie haben nun Bilder in die Präsentation eingefügt. Klicken Sie nun das Bild an und wechseln im Menüband zum Punkt „Format":

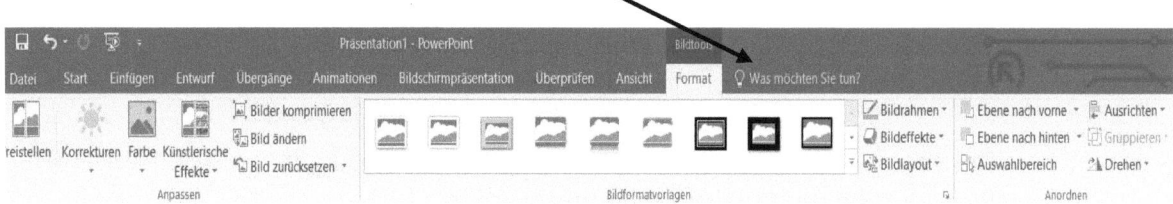

Mit dem Klick auf die rechte Maustaste, öffnet sich zudem ein Menü, wo es auch direkt die Möglichkeit gibt, zunächst das Bild zuzuschneiden:

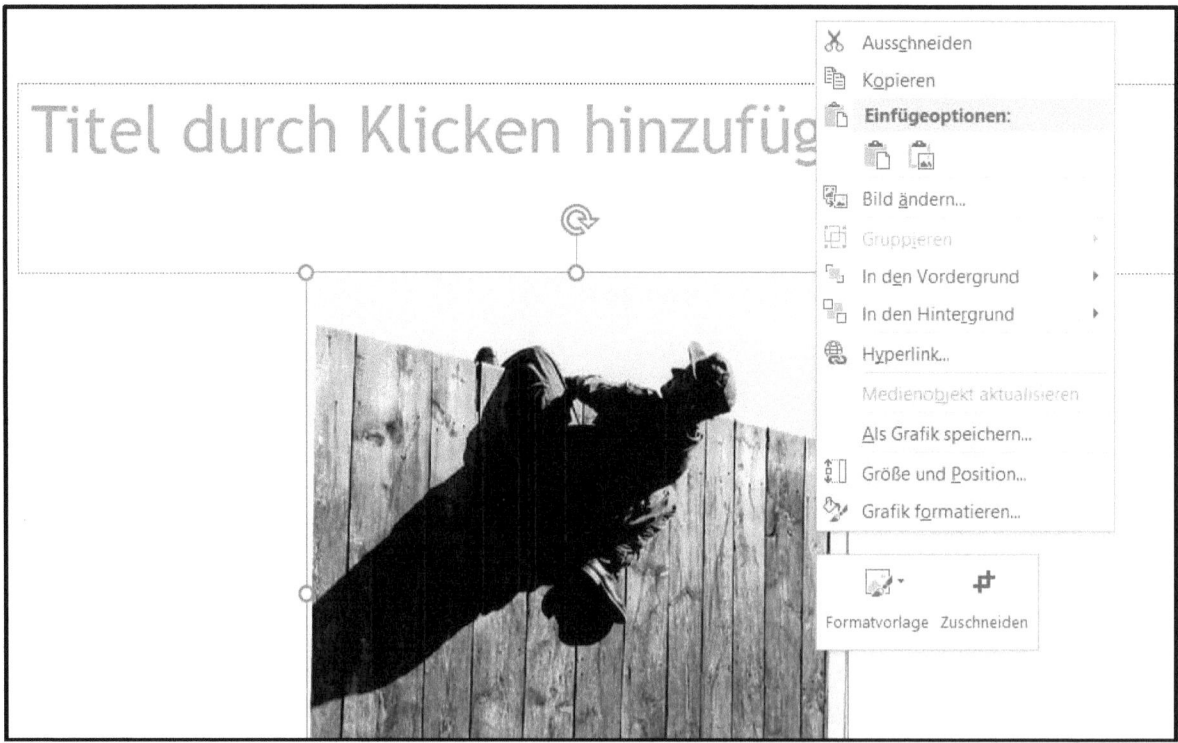

In dem In-Screen-Menü sind ebenfalls die wichtigsten Funktionen der Bildbearbeitung verfügbar.

Hier die wichtigsten Funktionen im Überblick:

Zuschneiden:	Zuschneiden	Das Bild kann geschnitten werden, wenn z.B. zu viel Rand oder unwichtiges auf dem Bild zu sehen ist.
Formatvorlage:	Formatvorlage	Hier lassen sich verschiedene Formate der Bilddarstellung, z.B. mit dickem Rahmen, räumlich, ovaler Rahmen etc. direkt umsetzen
Vordergrund, Hintergrund:	In den Vordergrund ▸ In den Hintergrund ▸	Bei mehreren Bildern, können Sie damit bestimmen, welches Bild im Vordergrund und welches überlagert dargestellt werden soll.
Hyperlink	Hyperlink..	Oft ist es gerade in Präsentationen sehr praktisch, wenn ein Hyperlink bei einem Bild gesetzt ist. Sie können dann in der Präsentation direkt auf das Bild klicken und eine neue Quelle (z.B. ein Film auf YOUTUBE öffnet sich).
Menüband: Korrekturen, Farbe, Künstl.Effekte:	Korrekturen Farbe Künstlerische Effekte ▾ Anpassen	Mit diesen drei Punkten aus dem Menüband, können Sie vielerlei Effekte in Ihre Bilder bekommen. Diese können z.B. gut geeignet sein, um ein Bild auch zu anonymisieren (Datenschutz!).

Zwischenaufgabe:
Probieren Sie die verschiedenen Effekte aus! Testen Sie, mit welchen Effekten Sie ein Porträtfoto quasi anonymisieren könnten!

4.4 Ein eigenes Master-Layout

Einstiegsfall:
Kita-Leiter Bruno Hastig hat bisher seine Präsentationen mit Design-Vorlagen bestritten, er möchte nun jedoch eine eigene, zur Kita passende Vorlage haben. Sie soll das Logo der Kita Sonnenschein beinhalten und zukünftig als Vorlage für alle Präsentationen der Kita dienen.

Aufgabe
Wie könnte Hastig zu einer einheitlichen Vorlage kommen?

Neben den Design-Vorlagen von POWERPOINT gibt es natürlich auch die Möglichkeit, ein eigenes Layout zu erstellen, dass passgenau der eigenen Einrichtung mit Logo etc. entspricht. Hierzu gehen Sie im Menüband auf den Punkt „Ansicht" und klicken dort auf Folienmaster.

Es erscheint eine Blanko-Folie:

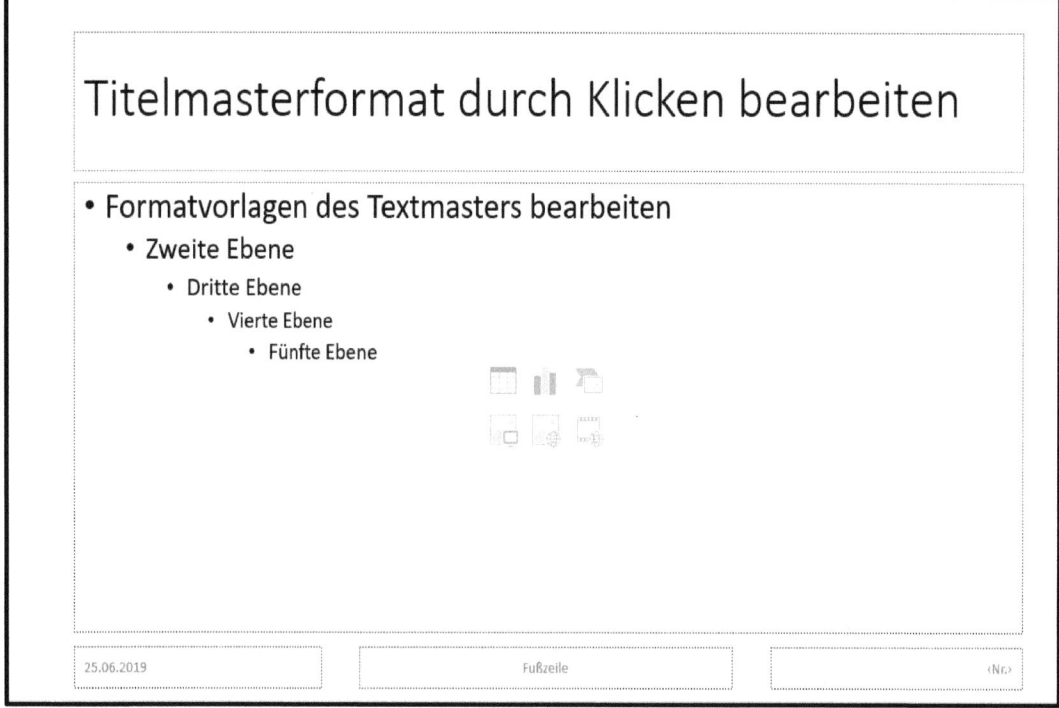

Hier können Sie nun für die Teile oder für die gesamte POWERPOINT mit den bekannten Elementen das Grundlayout der Folie gestalten.

4.5 Animationen in der Präsentation

Für eine dynamische Präsentation kann es hilfreich sein, wenn Elemente wie Text oder Bilder animiert sind, d.h. sie können einzeln gesteuert in der Präsentation mit Effekten erscheinen. In der Menüleiste von POWERPOINT haben die Animationen aufgrund ihrer Bedeutung eine eigene Leiste, wo schon deutlich wird, was alles mit Animationen gemacht werden kann.

Das wesentliche sind dabei nicht die verschiedenen Effekte, sondern die Sinnhaftigkeit, wie sie eingesetzt werden. So ist es z.B. sehr praktisch, bei einem Vortrag immer nur den Punkt einzublenden, der gerade besprochen wird, um das Publikum zu fokussieren. Auch Charts, Bilder oder Diagramme sollten Sie erst dann einblenden, wenn im Vortrag die Sprache darauf kommt.

Wie können nun Elemente einer Präsentation angeordnet werden. Angenommen wir haben folgende (unscheinbare) Folie zum Thema Medienerziehung:

Medienerziehung

- Computernutzung
- E-Learning
- Regeln im Umgang mit dem Smartphone

Die Folie gibt die Gliederung eines Vortrages wieder, wir wollen, dass die einzelnen Punkte des Vortrages nacheinander einfliegen, z.B. wenn der Vortragende auf die Maus klickt. Wenn Sie die Gliederungspunkte als solche bereits formatiert haben, dann genügt es, wenn Sie in der Menü-Leiste auf „Animation hinzufügen" klicken.

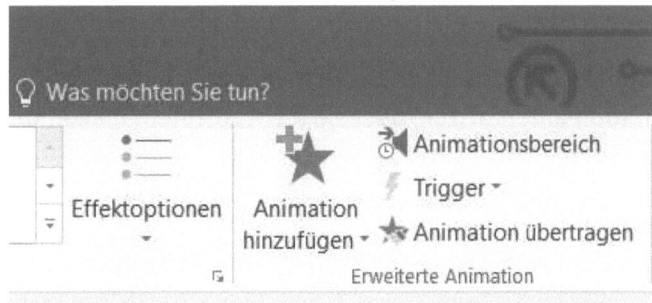

POWERPOINT erkennt in der Gliederung sofort die Reihenfolge, wie die Punkte nacheinander in der Animation dargestellt werden. Erkennbar wird dies, wenn an den einzelnen Gliederungspunkten Nummern erscheinen:

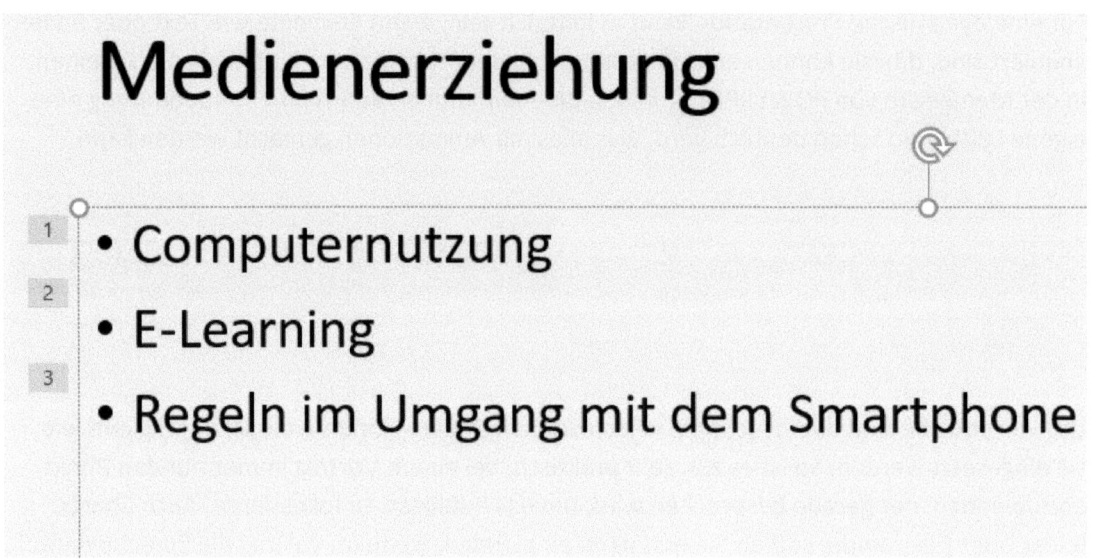

Über Effektoptionen lässt sich dies jedoch auch noch einmal ändern. So können die Animationen auch dahin gesteuert werden, dass alle Gliederungspunkte gleichzeitig oder als einzelnes Objekt eingeblendet werden.

Wird „Animationsbereich" anklickt kann zudem noch je Animation der Effekt ausgewählt werden.

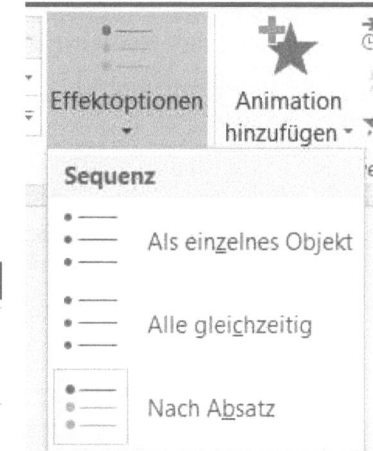

Zudem lässt sich bestimmen, ob die Animation per Mausklick weiter geht oder ob sie nach einer bestimmten Sekundenzahl automatisch weitergehen soll.

Über „Animation neu anordnen" kann die Reihenfolge umsortiert werden.

> **Anmerkung: Mit Animationen lassen sich ziemlich viele Effekte einbauen, diese werden hier nicht alle vorgestellt, da sie im Prinzip nur selten wirklich hilfreich sind. Sie sollen eine Präsentation unterstützen, aber sie nicht zu einem blinkenden Spektakel werden lassen.**

Übungszeit zu Kapitel 4

Aufgabe 1:
Erstellen Sie mit Logos/Fotos etc. ein Masterlayout für Ihre Kita, in der Sie gegenwärtig arbeiten.

Aufgabe 2:
Recherchieren Sie im Netz die Fragestellung:
Welche APPs sind gut für Vorschulkinder?
Erstellen Sie hierzu eine POWERPOINT-Präsentation mit allen möglichen Animationen.

Aufgabe 3:
Ein guter Vortrag ergibt sich nicht nur durch eine gelungene POWERPOINT-Präsentation.
Sammelt in Lerngruppen weitere wichtige Aspekte, die eine gute POWERPOINT ausmachen.
Haltet den Vortrag aus Aufgabe 2 in der Klasse und gebt euch gegenseitig Feedback!

5. EXCEL – Listenverwaltung und mehr

5.1 Grundlagen von EXCEL

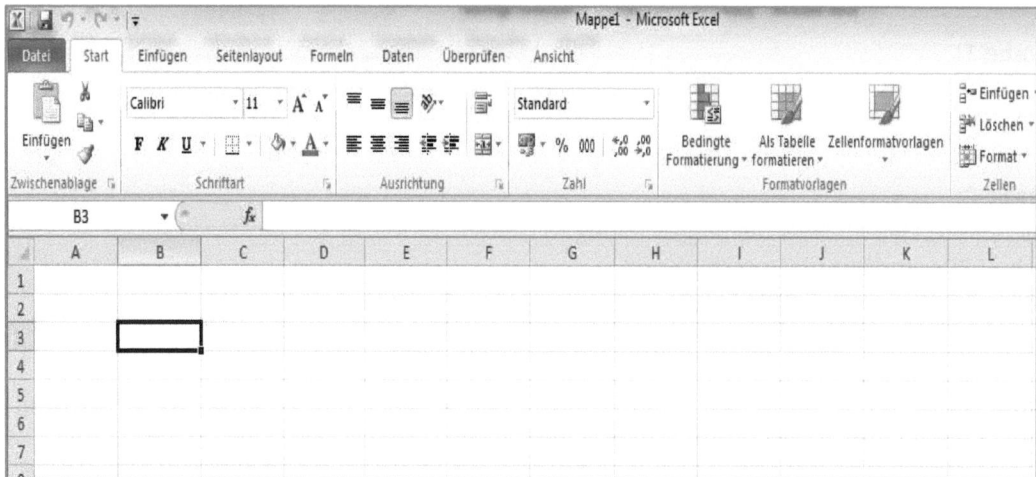

Excel ist ein Tabellenkalkulationsprogramm. Mit ihm lassen sich vielerlei Berechnungen von Zahlenmengen bewältigen. Excel funktioniert in der Weise, dass die Zellen wie Variablen in Berechnungen verwendet werden können. Will man z.B. die Summe der Zellen A1 und A2 berechnet haben, so muss eine Ergebniszelle gewählt und dort die entsprechende Formel eingeben werden.

Die Ergebniszelle ist D4:

Eingabe in Zelle D4 „= A1+A2" zur Berechnung der Summe

Excel lässt sich zudem sehr gut zur Verwaltung von Listen verwenden, wie es z.B. in Kitas oft vorkommt. So eignet sich Excel hervorragend zur Verwaltung von Essenslisten, Teilnehmerlisten oder auch Adresslisten.

Es bringt nur wenig, nun alle Menüpunkte von EXCEL zu erörtern. Wenn Sie Kapitel 5.2 durcharbeiten, lernen Sie viele wichtige Funktionen von EXCEL kennen und werden damit effektiv mit EXCEL arbeiten können.

5.2 Überblick über Einnahmen und Ausgaben mit dem Haushaltsbuch – Einstieg in die Nutzung von EXCEL

Fall:

Anna ist Erzieherin und will ihre Finanzen besser in den Griff bekommen. Aus diesem Grund möchte sie in Excel ein Haushaltsbuch führen, das Überblick zu den monatlichen Ein- und Auszahlungen gibt. Sie erhält netto 2.400,- €. Ihre Miete beträgt 590,- €. Für die Nebenkosten zahlt sie nochmal 160,- €. Sie hat noch einen kleinen Nebenjob als Baby-Sitterin, was ihr 150,- € im Monat bringt. Das Handy kostet monatlich 25,-, für Kleidung gibt sie 200,- € aus. Das Auto kostet insgesamt 325,- €, Essen und Getränke kommen auf 400,- €. 200,- € benötigt sie für Kultur und Ausgehen (Kino, Essen mit Freunden usw.).

Aufgaben:
a) Überlegen Sie mit einer Skizze, wie Sie die Tabelle strukturieren werden!
b) Erstellen Sie ein Haushaltsbuch, das die monatlichen Einzahlungen und Auszahlungen einander gegenüberstellt (in EXCEL).

Vorgehensweise:

Es ist ein guter Start, wenn Sie für die Excel-Tabelle zunächst in einer Skizze überlegen, wie sie aufgebaut sein soll. Für eine Gegenüberstellung der Einnahmen und Ausgaben bietet sich eine Darstellung wie in einer Bilanz an. Hier können dann die monatlichen Geldbeträge aufgelistet und zum Schluss miteinander verrechnet werden:

Einnahmen	Ausgaben

Nun beginnen wir damit in Excel. Schreiben Sie in die Zelle B2 den Begriff „Einnahmen" und in die Zelle D2 den Begriff „Ausgaben". Lassen Sie die Spalten D und E noch frei!

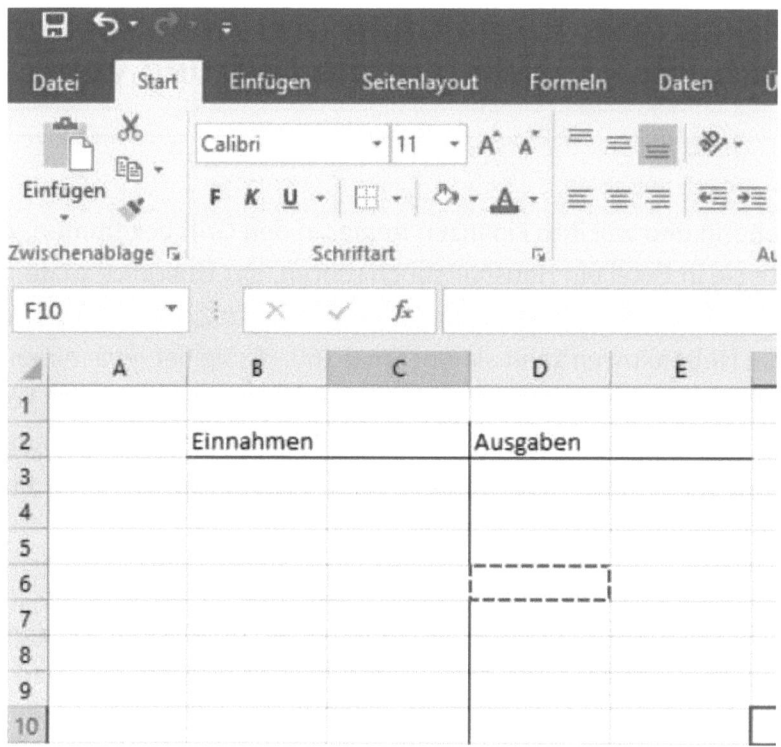

Nun können wir die Tabelle ergänzen. Wir nehmen hierzu die Werte aus dem Einstiegsfall, zunächst die Einnahmen. Schreiben Sie hierzu den Begriff zur Bezeichnung der Einnahme in die Spalte B, den Geldbetrag dann in die Zelle der nebenliegenden Spalte C. Wichtig ist zu beachten, dass Begriffe und Geldbeträge, insbesondere, wenn mit ihnen noch gerechnet und kalkuliert werden soll, nicht in die gleiche Zelle geschrieben werden. Auch sollten Sie vermeiden zum Geldbetrag das EURO-Zeichen hinzuzufügen, dies wird über Formatierung der Zellen gemacht. In die Zelle soll also nur eine reine Zahl geschrieben werden. Die gleiche Vorgehensweise wählen Sie bitte auch für die Ausgaben.

Das Ergebnis sollte so aussehen:

	A	B	C	D	E	F
1						
2		Einnahmen		Ausgaben		
3		Lohn	2400	Miete	590	
4		Nebenjob	150	Nebenkosten	160	
5				Handy	25	
6				Kleidung	200	
7				Auto	325	
8				Essen/Getränke	400	
9				Ausgehen	200	
10						

Bei der Darstellung sieht die Tabelle noch etwas spröde aus. Zunächst formatieren wir die Zellen mit den Geldbeträgen entsprechend:

Zelle anklicken, dann Klick rechte Maustaste, es erscheint ein Ausklapp-Menü, dort „Zellen formatieren":

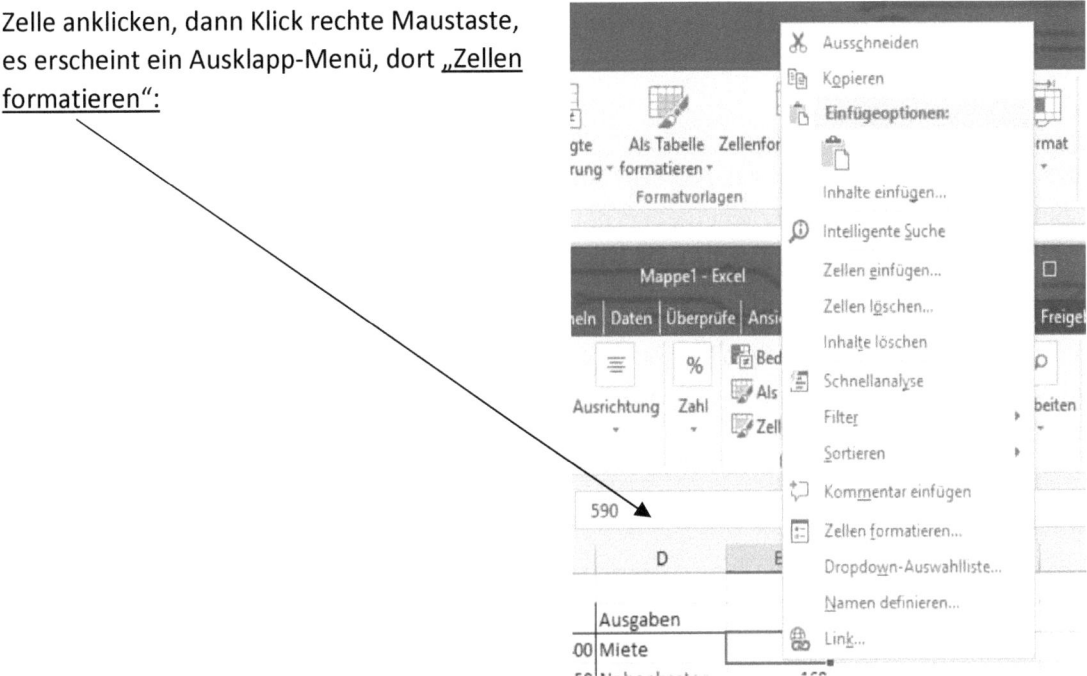

Es öffnet sich ein weiteres Fenster mit verschiedenen Optionen, dort die Registerkarte „Zahlen" anklicken und links im Auswahlfeld „Währung" auswählen. In der Regel ist bereits Euro voreingestellt, prinzipiell können hier verschiedene Währungen ausgewählt werden. Diese für alle Zellen vollziehen, es können auch erst alle relevanten Zellen markiert und dann entsprechend formatiert werden. Zudem vergrößern wir noch die Begriffe „Einnahmen" und „Ausgaben" und formatieren sie auf „fett". Die Linien für die Tabelle erhalten wir (wie bei WORD) über anklicken und auswählen bei:

Im Endergebnis sollte die Tabelle nun so aussehen:

	A	B	C	D	E
1					
2		**Einnahmen**		**Ausgaben**	
3		Lohn	2.400,00 €	Miete	590,00 €
4		Nebenjob	150,00 €	Nebenkosten	160,00 €
5				Handy	25,00 €
6				Kleidung	200,00 €
7				Auto	325,00 €
8				Essen/Getränke	400,00 €
9				Ausgehen	200,00 €
10					

Das Haushaltsbuch ist jedoch noch nicht fertig. Wir wollen ja wissen, ob das Geld in diesem Monat gereicht hat.

Nun kommen wir zu ersten Formeln in EXCEL:

Wir ergänzen die Tabelle in B10 und D10 um den Begriff „Summe", in der Spalte C10 und E10 soll dann das jeweilige Summenergebnis der Einnahmen und Ausgaben stehen. In der Zelle B11 steht dann der Gewinn/Verlust des Monates, je nachdem ob die Einnahmen oder Ausgaben überwiegen.

In der Zelle C10, wo die Summe der Einnahmen stehen sollen, tippen wir nun unsere Formel ein. Diese lautet:

=Summe(C3:C4)

Zur Erläuterung:

Jede Formel beginnt mit dem Gleichheitszeichen!

Der Befehl „Summe" in der Formel stellt eine Funktion dar, die EXCEL mitteilt, was es machen soll. In der Klammer stehen die Zellen, die aufsummiert werden sollen, der Doppelpunkt hat nicht etwa die Bedeutung von „Division" sondern gibt den Zellbereich an, hier: von C3 bis C4.

Alternativ würde genauso die folgende Formel funktionieren:

=C3+C4

Wichtig: Für Formeln in EXCEL funktionieren die Operatoren des Nummernblocks immer!

Das gleiche gilt für die Summe der Ausgaben:

=Summe(E3:E9)

Alternativ würde genauso die folgende Formel funktionieren:

=E3+E4+E5+E6+E7+E8+E9

Für die Berechnung eines Gewinns oder Verlustes funktioniert dies ähnlich. Die zwei Summen werden voneinander abgezogen und ergeben dann einen Gewinn oder Verlust.

= C10-E10

Im Ergebnis sollte die Tabelle folgendes Aussehen haben:

◢	A	B	C	D	E
1					
2		**Einnahmen**		**Ausgaben**	
3		Lohn	2.400,00 €	Miete	590,00 €
4		Nebenjob	150,00 €	Nebenkosten	160,00 €
5				Handy	25,00 €
6				Kleidung	200,00 €
7				Auto	325,00 €
8				Essen/Getränke	400,00 €
9				Ausgehen	200,00 €
10		Summe	2.550,00 €	Summe	1.900,00 €
11		Gewinn/Verlus	650,00 €		

5.3 Das Haushaltsbuch – Arbeiten mit mehreren Tabellenblättern.

Fall:

Anna ist mit ihrem Haushaltsbuch zufrieden, sie hat es geschafft eine Aufstellung der monatlichen Ein- und Ausgaben darzustellen. Sie möchte jedoch ein Haushaltsbuch für das ganze Jahr haben, in dem sie je Monat eine eigene Übersicht hat und am Ende des Jahres die gesamten Ein- und Ausgaben sowie der Überschuss dargestellt wird.

Aufgabe:

Überlegen und recherchieren Sie, wie mit Tabellenblättern dem Wunsch von Anna entsprochen werden kann.

Vorgehensweise:

Das Haushaltsbuch soll ausgebaut werden. Je Monat soll ein Tabellenblatt in einer Exceldatei verwendet werden. Alle 12 Monate werden in einer Übersicht zusammengefasst. Bisher haben wir nur in einem Tabellenblatt gearbeitet, vielleicht ist Ihnen schon aufgefallen, dass EXCEL mehrere <u>Tabellenblätter anbietet</u>:

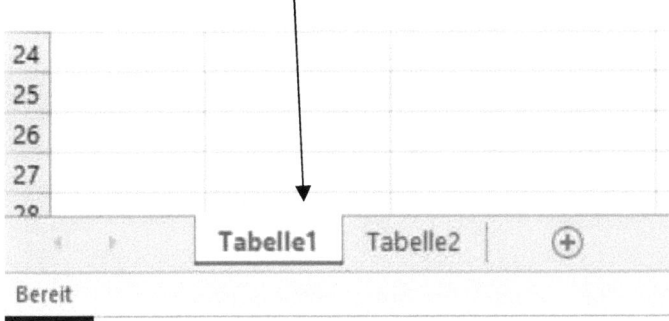

Wir übertragen nun die erste Tabelle in die weiteren Tabellenblätter, in dem wir in das linke obere Eck der Excel-Tabelle klicken und über rechter Mausklick „kopieren" wählen, wodurch die gesamte Tabelle markiert wird. Wir öffnen nun das zweite Tabellenblatt und gehen genauso vor und wählen über rechter Mausklick „einfügen". Schon haben wir die gesamte Tabelle in das nächste Tabellenblatt kopiert.

	A	B	C	D	E
1					
2		**Einnahmen**		**Ausgaben**	
3		Lohn	2.400,00 €	Miete	590,00 €
4		Nebenjob	150,00 €	Nebenkosten	160,00 €
5				Handy	25,00 €
6				Kleidung	200,00 €
7				Auto	325,00 €
8				Essen/Getränke	400,00 €
9				Ausgehen	200,00 €
10		Summe	2.550,00 €	Summe	1.900,00 €
11		Gewinn/Verlus	650,00 €		
12					
13					

Die Tabellenblätter können nun nach den einzelnen Monaten benannt werden, hierzu klicken wir auf direkt auf die Registerbezeichnung, rechter Mausklick „umbenennen" und geben jeweils den <u>Monatsnamen</u> ein:

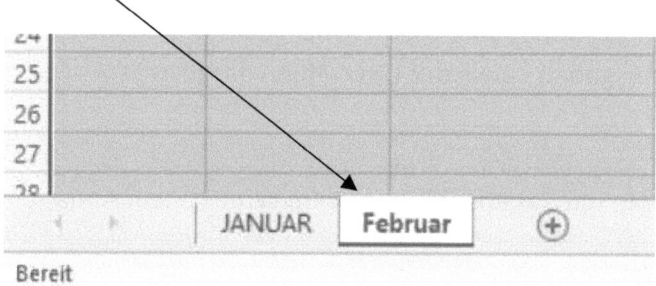

Die Werte der einzelnen Tabellenblätter lassen sich nun miteinander verbinden.

Wir ergänzen das komplette Haushaltsbuch um ein Tabellenblatt „Jahresübersicht" und schieben es an die erste Stelle (mit Maus anklicken und festhalten, dann verschieben!).

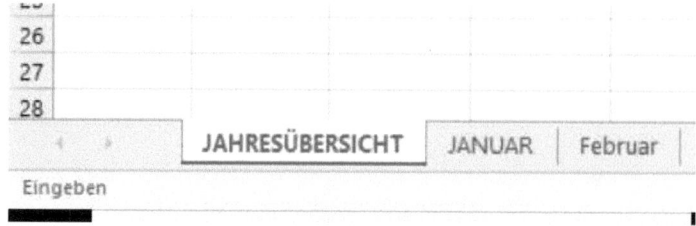

In der Jahresübersicht wählen wir folgenden Aufbau (bitte entsprechend umsetzen!):

	A	B	C	D	E
1					
2					
3		Monate:			
4			Einnahmen	Ausgaben	Gewinn/Verlust
5		Januar			
6		Februar			
7		März			
8		April			
9		Mai			
10		Juni			
11		Juli			
12		August			
13		September			
14		Oktober			
15		November			
16		Dezember			
17					

Um nun die Werte der einzelnen Tabellenblätter in die Jahresübersicht zu bekommen, muss zunächst in der Tabelle des Blattes „Jahresübersicht" die Zelle, in die der Wert übertragen werden soll, angeklickt und mit dem Gleichheitszeichen („=") versehen werden. Dann klicken Sie in die jeweilige Tabelle, wo ihr Wert steht, den Sie übertragen wollen. Im Folgenden sehen Sie, wie z.B. der Januar-Wert der Einnahmen in die Jahresübersichtstabelle übertragen werden kann.

	A	B	C	D	E
1					
2					
3		Monate:			
4			Einnahmen	Ausgaben	Gewinn/Verlust
5		Januar	=JANUAR!C10		
6		Februar			

Dies können wir nun für alle Monate machen und schon ergibt sich eine Gesamtübersicht für das komplette Jahr.

5.3 Absoluter und relativer Zellbezug in Excel

Fall:

Die Privat-Kita, die als Betriebs-Kita eines großen Chemiekonzerns fungiert, finanziert sich teilweise durch die monatlichen Gebühren, die einkommensabhängig erhoben werden. Die Kinder werden entsprechend dem Einkommen der Eltern - in verschiedene Kategorien (A, B oder C eingeteilt).

Gebührenordnung: A - 99,- €, B -139,- €, C -169,- € Die Kita hat folgende Zusammensetzung:

Kategorie	Januar	Februar	März
A-Kinder	26	38	41
B-Kinder	35	36	36
C-Kinder	12	15	15

Aufgabe: Sie haben die Möglichkeiten der Formelerstellung von EXCEL bereits kennen gelernt, wie könnte dies in dem Fall der unterschiedlichen Gebühren möglichst effizient gestaltet werden?

Vorgehensweise:

Wenn in EXCEL Berechnungen mit gleicher Formel aber abweichenden Werten erstellt werden sollen, so spielen die sog. relativen und absoluten Zellbezüge eine wichtige Rolle. Wir übertragen die obige Tabelle in EXCEL:

	A	B	C	D	E
1					
2					
3		Kategorie	Januar	Februar	März
4		A-Kinder	26	38	41
5		B-Kinder	35	36	36
6		C-Kinder	12	15	15
7					
8					

Wenn wir nun wissen wollen, welcher Umsatz je Kategorie und Monat mit den Kindern erzielt wird, so erstellen wir für die Ergebniszelle eine einfache Formel:

Umsatz = Anzahl der Kinder * Monatsgebühr

Da es drei verschiedene Monatsgebühren gibt (Kategorien A bis C) geben wir in EXCEL eine Gebührentabelle und eine Umsatztabelle ein.

Wenn wir nun, wie in der Abbildung die Formel so eingeben, müssen wir sie in jede einzelne Zelle neu eintippen. Für solche Vorgänge hat EXCEL eine wichtige, da sehr effiziente Funktion:

- Sie klicken in die Zelle mit der Formel
- Bei der aktivierten Zelle, klicken Sie nun auf das rechte untere Eck der Zelle!
- Nun ziehen Sie mit gedrückter linker Maustaste die aktivierte Zelle über die Zellen, die ebenfalls die Berechnung beinhalten sollen.

Das Problem im obigen Fall ist, dass beide Zellen der Formel (C4 und H4) nun mitlaufen (also D4 und I4 usw.). Das passt zwar für die Mengenangabe, hier sollen ja die nächsten Monate berechnet werden, es passt jedoch nicht für Zelle, die den Wert der Gebühr enthält, hier läuft diese Vereinfachung sprichwörtlich ins Leere.

Aus diesem Grund gibt es den sog. „absoluten Zellbezug". Hier wird die Zelle, die nicht mitlaufen soll, für absolut erklärt. Technisch erfolgt das so, dass die Spaltenbezeichnung in Dollar-Zeichen ($) gesetzt wird.

= C4* H4

Im Ergebnis müsste ihre Tabelle nun folgende Werte aufweisen:

	Umsatztabelle			
	Kategorie	Januar	Februar	März
	A-Kinder	2574	3762	4059
	B-Kinder	3465	3564	3564
	C-Kinder	1188	1485	1485

(Zeilen: 9, 10, 11, 12, 13)

5.4 Die automatisierte Essensliste in Excel mit Serienbrief in Word

> **Fall:**
> Sie werden von der KITA-Leitung gebeten, eine EXCEL Liste zur Erfassung der täglichen Mittagessen der Essenskinder zu erstellen.
>
> **Folgende Kriterien sollen erfüllt sein:**
>
> Für jedes Kind soll für 14 Tage (jeweils Montag bis Freitag) das jeweilige Essen eingetragen werden. Es gibt drei Essen (2,20 €, 2,80 € und 3,80 €), je nach Auswahl der Eltern pro Tag.
> Die Eintragung erfolgt per Drop-Down-Liste.
> Am Ende der 14 Tage wird der Essensbetrag aufsummiert.
> Erfinden Sie die Daten für 12 Kinder.
> In der Liste sollen auf einem weiteren Tabellenblatt die Elternadressen der 12 Kinder vermerkt werden.

Vorgehensweise:

Die Kita Sonnenschein hat eine Essensgruppe mit 15 Kindern. Die Erzieherinnen sollen die eingenommenen Essen je Tag in einer Excel-Liste eintragen (Montag bis Freitag). Aus den Eintragungen soll je Woche einen Serienbrief erstellt werden, der die eingenommenen Essen dokumentiert und für die Eltern die Kosten klar darstellt.

Excel-Tabelle sollte (zunächst) diese Form haben:

Kita Sonnenschein   **Essensliste**

Kind	Montag	Dienstag	Mittwoch	Donnerstag	Freitag
Kind1					
Kind2					

Erstellung des Drop-Down-Menüs:

Um Fehleingaben zu verhindern sind in den Zellen Drop-Down-Menüs eine gute Herangehensweise. Hierzu erzeugen Sie zunächst die Liste, die als Drop-Down-Menü angezeigt werden soll:

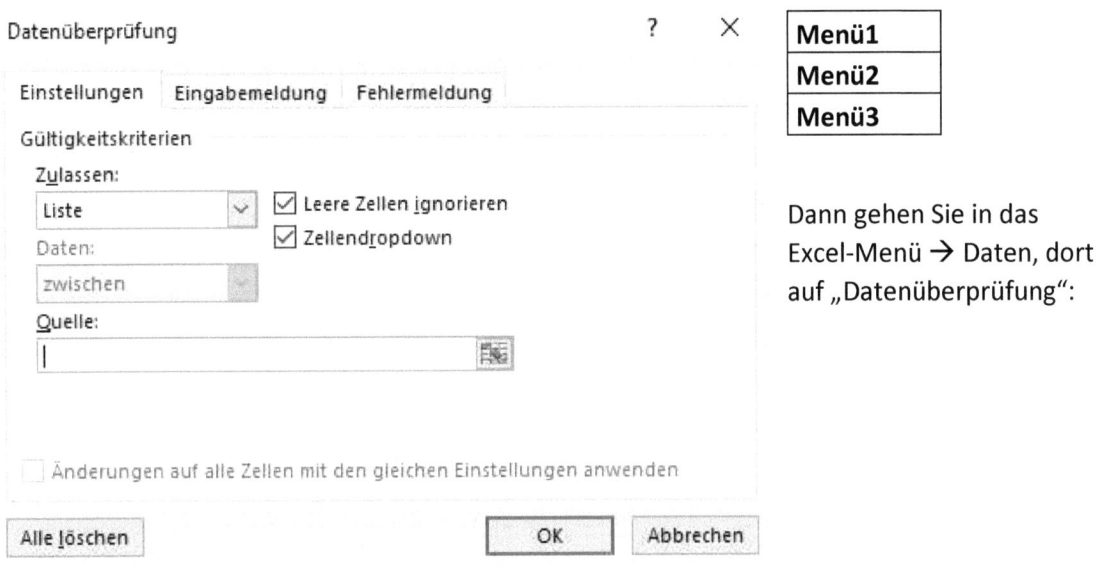

| Menü1 |
| Menü2 |
| Menü3 |

Dann gehen Sie in das
Excel-Menü → Daten, dort
auf „Datenüberprüfung":

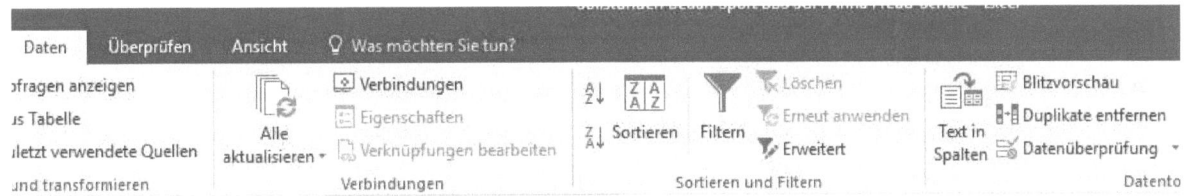

Es erscheint folgendes Fenster:

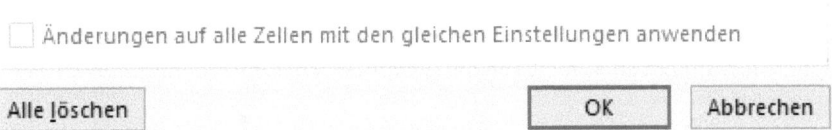

Bei „Zulassen" auf „Liste" umstellen, wichtig „Zellendropdown" anklicken! Mit Quelle holen
Sie die Liste (Markieren in Excel)!

Nun können Sie die Tabelle noch beliebig mit Daten füllen, um spätere Auswertungen vornehmen zu können:

Ihr Zwischenergebnis könnte ungefähr so aussehen:

Kita Sonnenschein

Kind	Montag	Dienstag	Mittwoch	Donnerstag	Freitag		Menü1
Müller, Benni	Menü1	Menü1	Menü1	Menü1	Menü1		Menü2
Cengiz, Dirma	Menü3	Menü3	Menü3	Menü3	Menü3		Menü3
Althofe, Manu	Menü2	Menü2	Menü2	Menü2	Menü2		
Grau, Bernd	Menü2	Menü2	Menü2	Menü2	Menü2		
Lohse, Eva	Menü1	Menü1	Menü1	Menü1	Menü1		
Baldof, Mark	Menü3	Menü3	Menü3	Menü3	Menü3		
Huber, Franz	Menü2	Menü2	Menü2	Menü2	Menü2		
Emrich, Franziska	Menü2	Menü2	Menü2	Menü2	Menü2		
Noll, Katrin	Menü1	Menü1	Menü1	Menü1	Menü1		
Bausch, Peter	Menü3	Menü3	Menü3	Menü3	Menü3		
Lustig, Catharina	Menü2	Menü2	Menü2	Menü2	Menü2		
Meier, Celine	Menü2	Menü2	Menü2	Menü2	Menü2		
Hastog, Jenz	Menü1	Menü1	Menü1	Menü1	Menü1		
Bechtloff, Laura	Menü3	Menü3	Menü3	Menü3	Menü3		
Hintergarst, Daniel	Menü2	Menü2	Menü2	Menü2	Menü2		

Die Essenserfassung für eine Woche ist abgeschlossen, wie nun kann die Kita-Leitung nun die Liste auswerten? Hier spielt die Funktion „zählenwenn" eine tragende Rolle! Mit ihr lassen sich Zellbereiche nach bestimmten Inhalten durchzählen. Hierzu erweitern wir zunächst die bestehende Tabelle und fügen zwischen der Essenserfassung und der Menüliste weitere Spalten ein:

Anzahl Menü1, Anzahl Menü2, Anzahl Menü3:

Anzahl Menü1	Anzahl Menü2	Anzahl Menü3

Die Funktion für das Auslesen der Anzahl Menü1 lautet dann:

=ZÄHLENWENN(C5:G5; "Menü1")

Nun müssen wir noch die Gesamtkosten je Kind für die gesamte Woche berechnen. Wir ergänzen die Menü-Liste:

Menü1	3,60 €
Menü2	2,90 €
Menü3	3,20 €

Wir legen eine neue Spalte an: „Gesamtkosten". Hier kommt der sogenannte absolute und relative Zellbezug zum Tragen. Die Gesamtkosten errechnen sich aus der Menge des jeweiligen Menüs multipliziert mit dem jeweiligen Menüpreis. Da wir aus Effizienzgründen später die Formel über die ganze Spalte vervielfältigen wollen, ist es wichtig die Menüpreise als absolute Zellen auszuweisen. Hierzu setzen wir den Zellenbezug in Dollarzeichen:

Die G-Zelle ist die absolute Zelle, die I-Zelle ist die relative Zelle (sie darf sich beim Kopieren verändern).

L
Gesamtkosten
=I5*G22

Die Formel für die Gesamtkosten ergibt sich dann durch die Multiplikation der Mengen mit dem Preis:

=I5*G22+J5*G23+K5*G24

Ein Teil der Essensliste hat dann folgende Auswertung:

Anzahl Menü1	Anzahl Menü2	Anzahl Menü3	Gesamtkosten
5	0	0	18,00 €
1	0	4	16,40 €
0	4	1	14,80 €
1	4	0	15,20 €
3	0	2	17,20 €
1	2	2	15,80 €
0	5	0	14,50 €
0	5	0	14,50 €
5	0	0	18,00 €
2	0	3	16,80 €
0	3	2	15,10 €
0	5	0	14,50 €
5	0	0	18,00 €
0	0	5	16,00 €
0	5	0	14,50 €

Der Serienbrief

Für den Serienbrief ergänzen wir die Essensliste noch um eine Adressliste, die auf einem neuen Tabellenblatt vermerkt ist. Zu jedem Kind wird die Adresse hinterlegt.

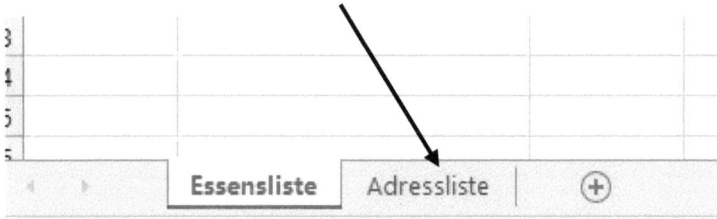

Adressliste:

Kind	Nachname	Vorname	Straße	Wohnort	PLZ	Telefonnumer
Müller, Benni	Müller	Maria	Pfalzgrafenstr. 3	67067	Ludwighafen	0621-56891
Cengiz, Dirma	Cengiz,	Anataly	Weisweg 5	67065	Ludwighafen	0621-9562477
Althofe, Manu	Althofe	Klara	Rieslinggasse 4	67065	Ludwigshafen	0621-89512
Grau, Bernd	Grau	Franz	Schorleweg 7	67065	Ludwighafen	0621-846551
Lohse, Eva	Lohse	Maria	Hauptstr 7	67065	Ludwighafen	0621-8412654
Baldof, Mark	Baldof	Senta	Rheinstr. 6	67065	Ludwigshafen	0621-798452
Huber, Franz	Huber	Maxima	Inselstr.5	67065	Ludwighafen	0621-652112
Emrich, Franziska	Emrich	Peter	Inselstr. 7	67065	Ludwighafen	0621-89456
Noll, Katrin	Noll	Fatima	Brückenweg 99	67065	Ludwigshafen	0621-78451
Bausch, Peter	Bausch	Hanelore	Graberweg 78	67065	Ludwighafen	0621-965874
Lustig, Catharina	Lustig	Hanna	Mauschelweg 5	67065	Ludwighafen	0621-8524165
Meier, Celine	Meier	Hagen	Friedrichsweg 7	67065	Ludwigshafen	0621-968574
Hastog, Jenz	Hastog	Josef	Karlsstr. 45	67065	Ludwighafen	0621-9999
Bechtloff, Laura	Bechtloff	Maria	Hauptstr 7	67065	Ludwighafen	0621-88451
Hintergarst, Daniel	Hintergarst	Karla	Brückenweg 98	67065	Ludwigshafen	0621-89524

Nun muss die Excel-Tabelle für den Serienbrief vorbereitet werden. Hierzu erstellen wir ein neues Tabellenblatt, das wir sinnigerweise „Serienbrief" nennen. Hierzu verknüpfen wir die beiden bestehenden Listen in dem neuen Tabellenblatt und erhalten folgende Tabelle!

Wichtig die Spaltenbeschriftungen, die uns im Serienbrief als Seriendruckfelder dienen, müssen in der obersten Zeile der Tabelle stehen, damit WORD später diese Datenfelder erkennt.

Folgende Tabelle müsste für den Serienbrief erstellt sein:

Kind	Nachname	Vorname	Straße	Wohnort	PLZ	Telefonnumer	Anzahl Menü1	Anzahl Meni	Anzahl Meni	Gesamtkosten
Müller, Benni	Müller	Maria	Pfalzgrafens	67067	Ludwighafer	0621-56891	5	0	0	18,00 €
Cengiz, Dirma	Cengiz,	Anataly	Weisweg 5	67065	Ludwighafer	0621-9562477	1	0	4	16,40 €
Althofe, Manu	Althofe	Klara	Rieslinggass	67065	Ludwigshafe	0621-89512	0	4	1	14,80 €
Grau, Bernd	Grau	Franz	Schorleweg	67065	Ludwighafer	0621-846551	1	4	0	15,20 €
Lohse, Eva	Lohse	Maria	Hauptstr 7	67065	Ludwighafer	0621-8412654	3	0	2	17,20 €
Baldof, Mark	Baldof	Senta	Rheinstr. 6	67065	Ludwigshafe	0621-798452	1	2	2	15,80 €
Huber, Franz	Huber	Maxima	Inselstr.5	67065	Ludwighafer	0621-652112	0	5	0	14,50 €
Emrich, Franziska	Emrich	Peter	Inselstr. 7	67065	Ludwighafer	0621-89456	0	5	0	14,50 €
Noll, Katrin	Noll	Fatima	Brückenweg	67065	Ludwigshafe	0621-78451	5	0	0	18,00 €
Bausch, Peter	Bausch	Hanelore	Graberweg 7	67065	Ludwighafer	0621-965874	2	0	3	16,80 €
Lustig, Catharina	Lustig	Hanna	Mauschelwe	67065	Ludwighafer	0621-8524165	0	3	2	15,10 €
Meier, Celine	Meier	Hagen	Friedrichswe	67065	Ludwighafer	0621-968574	0	5	0	14,50 €
Hastog, Jenz	Hastog	Josef	Karlsstr. 45	67065	Ludwighafer	0621-9999	5	0	0	18,00 €
Bechtloff, Laura	Bechtloff	Maria	Hauptstr 7	67065	Ludwighafer	0621-88451	0	0	5	16,00 €
Hintergarst, Daniel	Hintergarst	Karla	Brückenweg	67065	Ludwigshafe	0621-89524	0	5	0	14,50 €

Nun können wir mit dem Serienbrief beginnen!

Wir öffnen WORD und erstellen folgendes Schreiben:

Einfügen der Datenfelder:

Zunächst müssen wir die für uns relevante Liste auswählen. Dies geht über die Menüleiste „Sendungen", dort „vorhandene Liste verwenden":

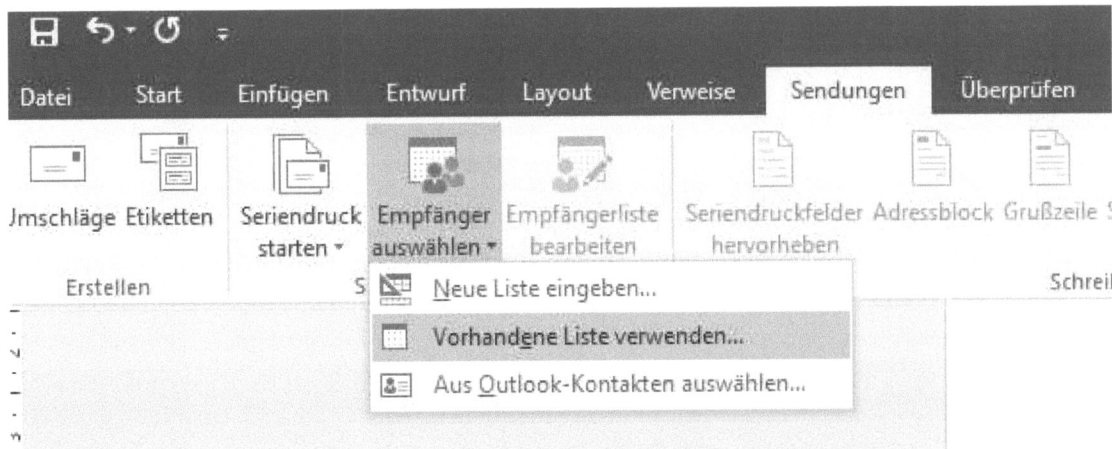

Wir wählen nun die Excel-Tabelle aus, dort das Tabellenblatt „Serienbrief":

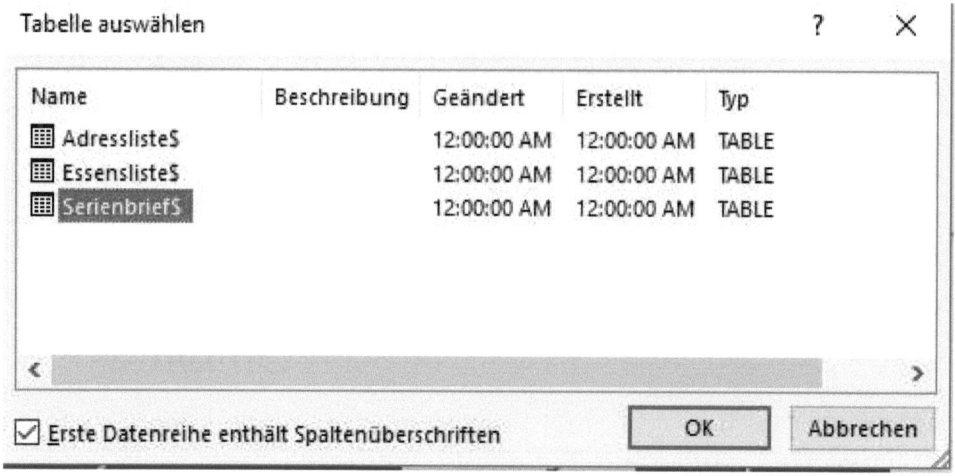

Nun ist die Datenbank bereit und wir können die Seriendruckfelder einfügen:

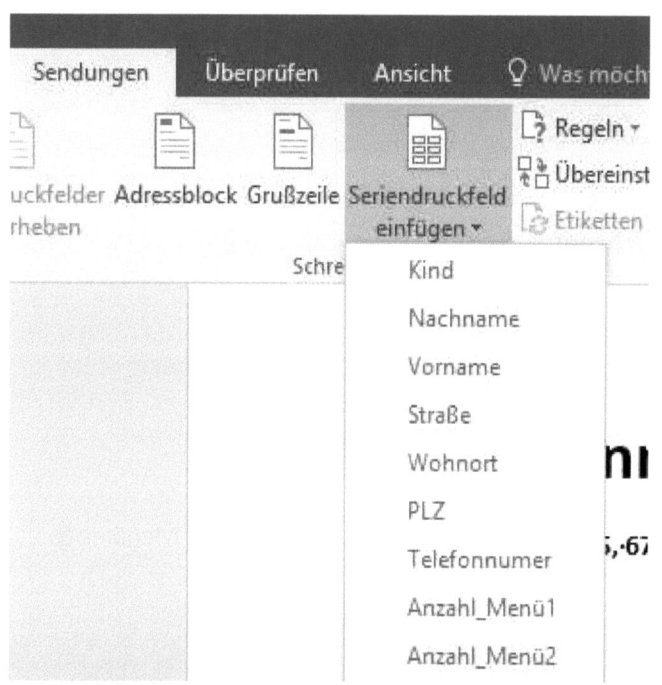

Wichtig: Den gedruckten Serienbrief als eigene Datei abspeichern, damit die Vorlage nicht verloren geht und für den nächsten Druck zur Verfügung steht!

Im Anschluss auf:

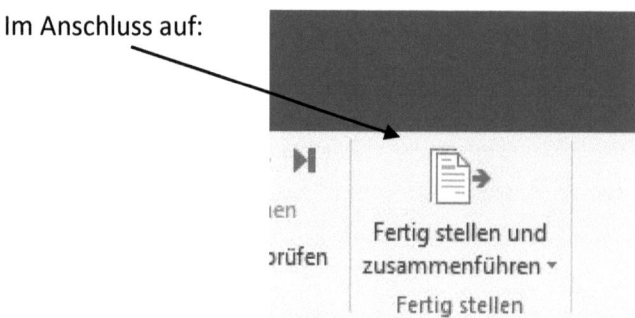

Übungszeit zu 5.4

Aufgabe:

Erfassung Teilnahme "Sprachförderung"

An der Kita Kunterbunt wird ein Sprachförderprojekt für 10 Kinder durchgeführt. Die Sprachförderkraft soll in einer Liste täglich festhalten, wie viele Zeiteinheiten es mit jedem Kind geübt hat.

Die Zeiteinheiten sind- $z1=15min$, $z2=30min$, $z3=45min$ (45 Minuten ist das Maximum).

Erstellen Sie in Excel ein Erfassungstool für die 10 Kinder für 1 Woche. Es soll die Zeiteinheiten aufaddieren und in einem Elternbrief soll den Eltern mitgeteilt werden, welche Blöcke das Kind wahrgenommen hat. Zudem soll die Gesamtsumme ermittelt und mitgeteilt werden.

Wenn das Kind mehr 180 min. in der Woche geübt hat, soll im Brief ein besonderes Lob vermerkt werden!

Der Brief soll der DIN 5008 entsprechen:

(Beispiel: https://www.deutschepost.de/de/b/briefvorlagen/normbrief-din-5008-vorlage.html)

5.5 Zeit für Feedback und Evaluation – einen Fragebogen entwerfen mit WORD und auswerten mit EXCEL

Fall:

Evaluation ist auch für Kitas ein wichtiges Instrument zur Qualitätssicherung. Bernadine Schäfer, Kita-Leiterin der Rappelkiste-Kita, möchte deshalb einen Elternfragebogen erstellen, um die Zufriedenheit der Eltern empirisch zu erheben.

Aufgaben:

Überlegen Sie Fragen, wie die Zufriedenheit der Eltern erfragt werden könnte.

Machen Sie Vorschläge zu offenen und geschlossenen Fragen.

Was sind Vorteile von geschlossenen Fragen, wenn Sie an die Auswertung in EXCEL denken.

5.5.1 Hinweise zur fachgerechten Erstellung eines Fragebogens

Eines der häufigst eingesetzten Feedback-Instrumente ist der Fragebogen. In diesem Artikel sollen Tipps und Anregungen gegeben werden, was bei der Ausarbeitung eines guten Fragebogens beachtet werden soll.

Die schriftliche Befragung wird vor allem deshalb benutzt, weil sie bei der Datenerhebung zeit- und kostengünstiger als eine mündliche Befragung ist. Stellen Sie sich vor, Sie wollen von Ihrer Schülerschaft ein Feedback zu den Hausaufgaben einholen. Ein Gespräch mit der Klasse zu diesem Thema kann dann längere Diskussionen hervorrufen. Es besteht die Gefahr, dass die Wort- und Meinungsführer der Klasse die Diskussion entscheidend dominieren werden, ein klares Bild zur tatsächlichen Situation wird auch am Ende der Unterrichtsstunde wahrscheinlich nicht erreicht sein. Ein Fragebogen kann all dies verhindern, jeder Schüler kann seine Meinung unbeeinflusst abgeben, außerdem können Fragen ausführlich und überlegter beantwortet werden, wobei allerdings spontane Antworten ausfallen. Doch sind die Ergebnisse auch aussagekräftig?

Ein generell großer Nachteil der schriftlichen Befragung ist die Motivation der Befragten, sich die Zeit zu nehmen, den Fragebogen gewissenhaft auszufüllen. Dieser Nachteil kann an Schulen gut ausgeglichen werden, soll zu einem Thema ein Schülerfeedback erhoben werden, dann muss genügend Zeit hierfür direkt im Unterricht vorhanden sein. Bekommen die Schüler den Fragebogen mit nach Hause, so wird automatisch dem Risiko Vorschub geleistet, dass nur eine Teilmenge, die möglicherweise nicht mehr repräsentativ ist.

Damit die Motivation der Befragten so hoch wie möglich ist und die Ergebnisse auch gültige Schlüsse zu lassen, gilt es gewisse Regeln beim Entwurf des Fragebogens und bei der Durchführung des Feedbacks zu beachten:

Durch die Materialien der schriftlichen Befragung soll folgendes erreicht werden:

- ✓ die Bereitschaft zur Beantwortung:
  Die Bereitschaft wird gestärkt, wenn ein Begleitschreiben den Auftrag und Zweck des Fragebogens klar darstellt. Nichts behindert eine Fragebogenaktion mehr als Intransparenz bzgl. der Ziele, die er bezwecken soll.

- ✓ eine sorgfältige Beantwortung: Der Fragebogen kann nur so sorgfältig und klar beantwortet werden, wie er auf der Item-Ebene bzw. Fragen-Ebene auch ausgearbeitet ist. Aus diesem Grund ist hier besonders Zeit und Expertise zu investieren.

- ✓ eine rechtzeitige Beantwortung: Wie bereits erwähnt, sollte ein Thema, für das die Schule bei den Schülern Feedback einholen will, wichtig genug sein, um dafür reguläre Unterrichtszeit zu opfern.

Zum Begleitschreiben:

Das Begleitschreiben soll das Ziel der Befragung darlegen. Hier ist besonders zu beachten, dass die Schüler das Ziel als das ihrige begreifen sollen. Nicht für die Lehrkräfte ist die Unterrichtsentwicklung, sondern für die Schüler wird die Verbesserung des Unterrichts angestrebt. Entsprechend ist das Anschreiben zielgruppengerecht und anschaulich darzulegen – und entsprechend kurz, damit es auch gelesen wird.

Es ist notwendig, die Wichtigkeit der Umfrage zu betonen. Dabei soll herausgestellt werden, dass die Beantwortung der Fragen unbedingt notwendig ist. Die Befragten fühlen sich nunmehr verantwortlich und ernst genommen. Unter bestimmten Umständen kann es sinnvoll sein, bestimmte Emotionen und Tugenden etc. anzusprechen: „Es liegt uns doch allen am Herzen, das sportliche Angebot der Schule zu verbessern...".

Den Befragten sollte im Begleitschreiben auch zugesichert werden, dass die Daten anonym und vertraulich behandelt werden. So kann eine ehrlichere Beantwortung der Fragen gefördert werden.

Zum Fragebogen:

Der Fragebogen darf eine kritische Anzahl von Fragen oder sog. Bewertungs-Items (Aussagen, die auf einer Skala zustimmend oder ablehnend bewertet werden) nicht übersteigen. Hier kann keine einfache Empfehlung gemacht werden, da dies sehr stark vom Alter und dem kognitiven Leistungsvermögen abhängig ist. Ein Probedurchlauf schafft jedoch meist Klarheit.

Zahl der Unter
Bezüglich der /
Befragungsart

Bei der **Spezial**
auch als Ein-
Befragung od(
abgehandelt.
Hausaufgaben,
der Schule abg

Für Inhalt, Umfang und Form des Fragebogens sollte man daher folgendes beachten:
✓ Thema möglichst interessant für den Befragten gestalten
✓ Fragebogen möglichst kurzhalten
✓ Fragebogen interessant gestalten
✓ Abfolge der Fragen verständlich und logisch aufbauen
✓ einfache Fragen stellen
✓ einfache Antwortmöglichkeiten vorgeben

werden zwei

n sie deshalb
ehr-Themen-
ere Themen
ion mit den
antinenessen

Omnibusbefragungen werden nicht nur bevorzugt angewendet, weil sie kostengünstiger in Bezug auf das einzelne Thema sind, sondern vermeiden auch Ermüdungserscheinungen beim Befragten. Durch die Mischung von Themen kann die Befragung den Schülern interessanter erscheinen. Außerdem wird nicht nur einem Thema besondere Aufmerksamkeit geschenkt. So kommt es zu geringeren Verzerrungstendenzen, durch die Abstimmung der Antworten untereinander.

Art der Fragen und Antworten

Wenn bei Fragen kein Antwort-Schema vorgegeben ist (es gibt also keine Ankreuzmöglichkeiten), spricht man von offenen Fragen. Hierbei können die Befragten sich frei entfalten und ihre Meinungen und Ideen äußern. Die Auswertung solcher Befragungen ist allerdings sehr kompliziert und aufwendig. Zudem können sich die Befragten überfordert fühlen, wenn sie ihre Antworten selbst formulieren müssen.

Eine offene Frage könnte sein: „Wie bereitest du dich auf Klassenarbeiten vor?" Als Spezialform von offenen Fragen gibt es sog. Satzergänzungstests. Dabei wird ein Satz angefangen und der Befragte soll den Satz zu Ende führen. Auf unser Beispiel bezogen wäre das: „Um mich für eine Klassenarbeit fit zu machen…, …".

Diese Nachteile werden durch geschlossene Fragen vermieden. Hierbei werden den Befragten Antwortmöglichkeiten vorgegeben, aus denen die passende Antwort nur ausgewählt werden muss. Problematisch ist natürlich, dass exakt passende Antworten nicht vorgegeben werden können.

Eine spezielle Art der geschlossenen Fragen sind die Alternativfragen. Hierbei werden nur zwei Antwortmöglichkeiten vorgegeben, meist Ja/Nein (z.B. „Hast du Probleme mit den Hausaufgaben?"). Werden mehrere Antwortmöglichkeiten vorgegeben, die nicht auf einer Skala angeordnet werden, spricht man von der Mehrfachauswahl. „Welches Fach fällt dir am schwersten? Antwortmöglichkeiten: Mathe, Deutsch, Englisch, Sozialkunde".

Um qualitative Merkmale wie Einstellungen, Motive und Meinungen quantitativ messbar zu machen, verwendet man die Skalierungsmethode der Rating-Skala. Aus diesem Grund und wegen ihrer einfachen Handhabung wird sie auch am häufigsten in Evaluationen angewendet.

Die Befragten werden aufgefordert, ihre Meinung, Einstellung etc. auf einer vorgegebenen Antwortskala einzuordnen. Diese Skala kann durch Zahlenwerte, Worte oder Bilder dargestellt sein. Für die Auswertung der Antworten werden anschließend Zahlenwerte, die den Antwortmöglichkeiten zugeordnet wurden, erfasst.

Beispiele für im Feedback verwendete Rating-Skalen:

1. **Numerisch** (Zahlen) (mit Unterstützung von wörtlichen Extremwerten)

   stimme nicht zu   *stimme zu*

   0   1   2   3   4

2. **Verbal** (Worte)

   stimme   stimme   stimme   stimme
   nicht zu   kaum zu   eher zu   voll zu

   ▱   ▱   ▱   ▱

3. **Graphisch** (Bilder) (mit Unterstützung von wörtlichen Extremwerten)

   stimme nicht zu   *stimme voll zu*
   ☹☹☹   ☹☹   ☹   ☺   ☺☺   ☺☺☺

5.5.2 Gestaltung und Anordnung des Fragebogens

Beim Aufbau eines Fragebogens sollte folgender grundlegender Ablauf eingehalten werden:

- Einleitungsfragen um den Befragten eine eventuelle Befangenheit zu nehmen. Durch die Einleitungsfragen wird der Befragte aufgeschlossen für die Beantwortung der Sachfragen.
- Sachfragen mit denen das eigentliche Thema der Befragung abgehandelt wird.
- Kontrollfragen um die Antworten der Befragten zu kontrollieren.
- Fragen zur Person um die Befragung abzuschließen. Sie dienen meist einer detaillierten statistischen Auswertung: Fragen nach Geschlecht, Beruf, Alter etc. Auch kann dadurch die Aussagefähigkeit der Befragten und somit die Qualität der Antworten beurteilt werden.

Zudem sollte bei der Gestaltung eines Fragebogens, bzw. bei der Gestaltung von Fragen darauf geachtet werden, dass der Befragte ständig motiviert bleibt. Dies kann erreicht werden:

- durch Abwechslung der Befragungsthemen,
- durch Wechsel der Fragetechniken,
- durch Wechsel der Skalenbeschriftungen (verbal, graphisch, numerisch).

Herleitung der Fragen / Items

Ein wesentlicher Erfolgsfaktor für ein Feedback mittels eines Fragebogens ist, dass die Fragen auch tatsächlich das Erkenntnisobjekt abbilden. Hier muss in der Konzeption am meisten Zeit investiert werden. Auch hilft es sehr, zum Befragungsgegenstand die entsprechende Fachliteratur zu konsultieren. Wichtig ist es, möglichst vollständig die Merkmale des Erkenntnisobjektes herauszuarbeiten.

Beispiel:

Sie wollen mit einem Fragebogen herausfinden, ob Schüler mit den Hausaufgaben gut zurechtkommen und ob die Hausaufgaben eine tatsächliche Hilfe für den Lernfortschritt darstellen.

Diese Fragestellung muss in eindeutige Einzelfragen bzw. Aussagen, die bewertet werden, heruntergebrochen werden.

Erkenntnisobjekt: Kommen Schüler mit den Hausaufgaben zu recht?

Einzelfragen:

Wie lange braucht ein Schüler für die Hausaufgabe?

Benötigt der Schüler fremde Hilfe?

Wenn ja, was … Nachhilfe, Eltern, Geschwister…

Wo werden die Hausaufgaben gemacht?

Küche, eigenes Zimmer, Wohnzimmer

Können die Hausaufgaben ungestört gemacht werden? (hier Rating...)

Umwandlung der offenen Einzelfragen zu sog. Items, d.h. Einzelaussagen, die auf einer Rating-Skala beantwortet werden können.

➔ Aussagen zum Bewerten:
„Ich brauche für die Hausaufgaben immer sehr lange!"

stimme nicht zu	stimme kaum zu	stimme eher zu	stimme voll zu
☐	☐	☐	☐

Oder falls Sie gewisse Normen haben, bei denen Sie abhängig vom Alter der Schülerschaft entsprechend Schlüsse ziehen können:

„Ich brauche für meine Hausaufgaben meistens…"

- Weniger als 1 Stunde
- 1 bis 2 Stunden
- Deutlich mehr als zwei Stunden"

Im wissenschaftlichen Bereich ist es sehr aufwendig, das Erkenntnisobjekt auf die Ebene der Einzelfragen bzw. Einzel-Items zu überführen. Für die schulische Praxis sollte es genügen, mit den Schülern und Kollegen im Diskurs abzusichern, ob die Einzel-Fragen tatsächlich das Erkenntnisobjekt darstellen.

Fehlerquellen und Schwachstellen

Generell werden bei statistischen Erhebungen Zufallsfehler und systematische Fehler unterschieden. Bei **Zufallsfehlern** wird davon ausgegangen, dass sie hauptsächlich auftreten, weil bei einer zufälligen Auswahl der Teilnehmer an einer Studie nie eine exakt mit der Grundgesamtheit übereinstimmende Stichprobe gezogen werden wird. Es wird immer zu Unstimmigkeiten kommen. Dieser Fehler wird jedoch auch „berechenbarer Fehler" genannt, weil er mit Hilfe statistischer Berechnungen aus der Datenerhebung „herausgerechnet" werden kann. Für die praktische Anwendung von Schulen ist es vorzuziehen eine genügend große Stichprobe zu ziehen oder im Idealfall eine Vollerhebung durchzuführen. Problematischer sind die **systematischen Fehler**, bei denen man grundsätzlich nicht davon ausgehen kann, dass sie sich aufheben.

Systematische Fehler gilt es bei der Planung und Durchführung eines Feedbacks weitestgehend zu vermeiden. Man kann die systematischen Fehler in drei große Gruppen unterteilen:

- Fehler, die durch den Träger der Untersuchung (Schule, Kita, Erzieher) hervorgerufen werden,
- Fehler, die durch die Interviewer hervorgerufen werden, (Interviewer ist die Person, die die Fragebogenaktion vor Ort durchführt)
- Fehler, die durch die Befragten/ Teilnehmer hervorgerufen werden.

Fehler des Trägers

Die Fehler dieser Kategorie orientieren sich an den Phasen einer Erhebung. So können Fehler bereits bei der Planung auftreten. So können Definitionen fehlerhaft sein, falsche oder veraltete Sekundärquellen herangezogen werden, falsche Erhebungsmethoden gewählt worden sein und Fehler bei der Gestaltung der Erhebungsmaterialien auftreten (z.B. bei der Gestaltung des Fragebogens). Anschließend hat man sich vielleicht für die falsche Auswahl der Stichprobe oder in ihrer Zusammensetzung (Festlegung von Quoten) geirrt.

Bei der Durchführung des Feedbackgilt es Fehler bei der Organisation und Kontrolle der Arbeit auszumachen und zu vermeiden.

Anschließen können Fehler bei der Analyse der Daten und natürlich bei der Interpretation der Ergebnisse auftreten. Am Ende steht die möglichst fehlerfreie Präsentation der Ergebnisse.

Fehler der Interviewer

Interviewer sind in diesem Fall die Lehrkräfte, die mit der Durchführung der Fragebogenaktion beauftragt sind. Lehrkräfte können unbewusst oder bewusst das Befragungsverhalten beeinflussen. Die Lehrkräfte sollten dem Fragebogen einen adäquaten Raum im Unterricht einräumen (nicht 6. Stunde 10 min. vor Schluss). Die Lehrkräfte sollten das Begleitschreiben gemeinsam mit den Schülern durchgehen und anschließend dafür sorgen, dass jeder Schüler völlig eigenständig und unabhängig den Bogen ausfüllen kann. Sind Items unverständlich so sollte das Prinzip gelten, dass nichts erklärt wird, sondern alles was unklar ist, soll unbeantwortet bleiben. Dadurch erhalten die Konstrukteure des Fragebogens gleich noch ein Feedback, welche Aussagen oder Fragen unverständlich sind.

Fehler der Teilnehmer

Ein Erhebungsfehler kann durch die Schüler entstehen, wenn diese aufgrund des Klassenklimas oder anderer Gründe eine Befragungstaktik wählen. So ist die Aussagekraft der Daten äußerst eingeschränkt, wenn z.B. bei einem Teil der Schüler die Ernsthaftigkeit der Beantwortung angezweifelt werden muss oder z.B. eine grundlegende Tendenz besteht im negativen Bereich zu kreuzen. Erfahrungsgemäß treten solche Probleme bei Schülerbefragungen weniger auf als befürchtet. Insbesondere hilft auch das Begleitschreiben bzw. die Darstellung, für was die Befragung letztlich dienen soll, solche Fehler zu vermeiden.

Fazit

Fragebögen sind eine sichere und objektive Methode, ein Feedback zu bestimmten Gestaltungspunkten des Schullebens und Unterrichts einzuholen. So effizient die Durchführung erscheinen mag, so viel Aufwand muss in die Konzeption von Fragebögen gesteckt werden. Das Internet ist mittlerweile voll von Feedback-Bögen für den Unterricht. Vor einer pauschalen Übernahme sei an dieser Stelle gewarnt, nicht nur aus urheberrechtlichen Argumenten heraus, sondern da der Feedback-Bogen die Situation der Schule wiedergeben soll. Fremdes Fachvokabular (z.B. Referenzrahmen anderer Bundesländer) altersungemäße Formulierungen, abstrakt-wissenschaftliche Begrifflichkeiten schrecken die Schüler nur ab und demotivieren. Auch sollte der Fragebogen ein Feedback-Instrument von mehreren bleiben, um in der Kita keine Fragebogen-Müdigkeit herauf zu beschwören. Der Aufwand einen eigenen Fragebogen zu entwerfen sollte ohnehin nur dort betrieben werden, wo ein regelmäßiger Einsatz, um z.B. auch jährlich bestimmte Daten vergleichen zu können, sinnvoll ist. Für einmalige Abfragen gibt es Feedback-Varianten, die wesentlich schneller und einfacher angewendet werden können.

5.5.4 Erstellung eines Fragebogens in Word

Die Erstellung von Fragebögen in Word kann unterschiedlich gestaltet werden, letztlich muss die Gestaltung eines Fragebogens folgende Kriterien erfüllen:

- Er muss gut lesbar sein.
- Die Fragen müssen eindeutig, unmissverständlich und klar sein.
- Er muss übersichtlich gestaltet sein.
- Die Antwortskalen sind eindeutig und gut ankreuzbar.

Es bietet sich an, in Word zur Gestaltung eines Fragebogens Tabellen zu verwenden.

Beispiel: Wir wollen einen Fragebogen, bei dem die wir eine Antwortskala mit 5 Rubriken haben.

Wählen Sie hierzu bei dem Reiter „Einfügen" den <u>Menüpunkt „Tabellen"</u>:

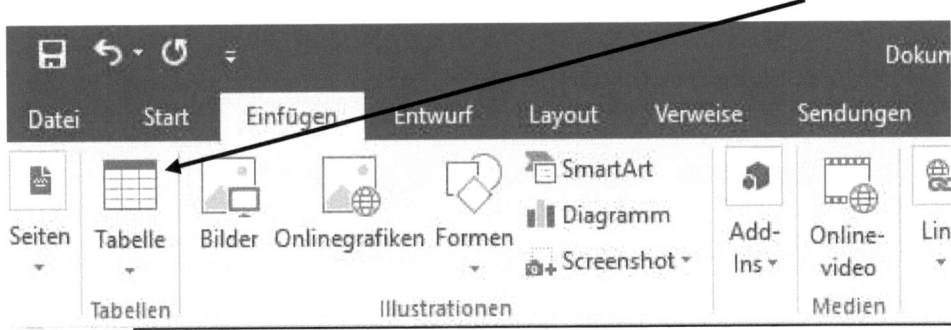

Wählen Sie die Grundstruktur der Tabelle, diese soll sich immer nach der kleinteiligsten Skalierung der Tabelle in Form der Spaltenzahl ausdrücken. Da wir eine Antwortskale mit 5 Rubriken verwenden, bietet sich eine sechsspaltige Tabelle an. Sie markieren einfach den <u>gewünschten Umfang</u> mit einem Doppelklick der Maus:

In Word wird dadurch eine sechs-spaltige Tabelle eingefügt:

Diese Tabelle lässt sich in den Zeilen problemlos erweitern, wenn Sie mit der Maus in die letzte Zeile rechts unten klicken und anschließend die Tabulator-Taste drücken (ausprobieren!).

Nun lässt sich die Tabelle für den Fragebogen vorbereiten. Wir beginnen direkt mit den einzelnen Fragen, später kommen noch die soziodemografischen Daten, die wir in der Tabelle ergänzen.

5.5.5 Fragebogen-Auswertung in EXCEL

Wir empfehlen die Auswertung mit Excel vorzunehmen. Bedenken Sie schon bei der Erstellung des Fragebogens, wie Sie später mit Excel auswerten können.

Beispiel:

Frage des Fragebogens:

Frage 1: Beurteilen Sie den Nutzen von Nahrungsergänzungsmittel für Ihre Gesundheit auf folgender Skala:

Kein Nutzen - wenig Nutzen – etwas Nutzen – viel Nutzen.

Dieser Skala müssen Sie dann für die Eingabe in Excel Werte zuweisen:

Kein Nutzen (1) - wenig Nutzen (2) – etwas Nutzen (3) – viel Nutzen (4)

Sie bekommen dann 5 Fragebögen zurück, die Sie eingeben:

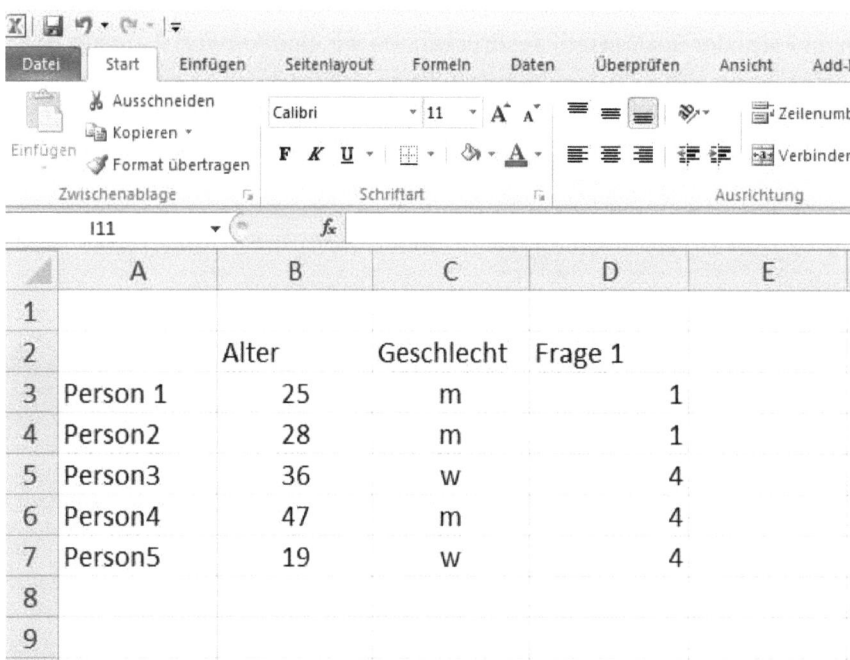

Für jede Antwort haben Sie also einen Wert eingegeben. Sie sehen auch, dass jede Person einzeln erfasst wird, dass das Alter sowie das Geschlecht erfasst werden.

Sie können beispielsweise aus der Tabelle erkennen, dass die weiblichen Personen den Nahrungsergänzungsmitteln einen Nutzen zusprechen, während die Männer bis 30 Jahre keinen Nutzen sehen. Interessant ist auch, dass der Mann im etwas höheren Alter (47 J.) auch einen Nutzen darin sieht.

Mit Excel können Sie dann auch Durchschnittswerte berechnen. Z.B. hier könnten Sie das Durchschnittsalter und den Durchschnittswert zu Frage 1 berechnen:

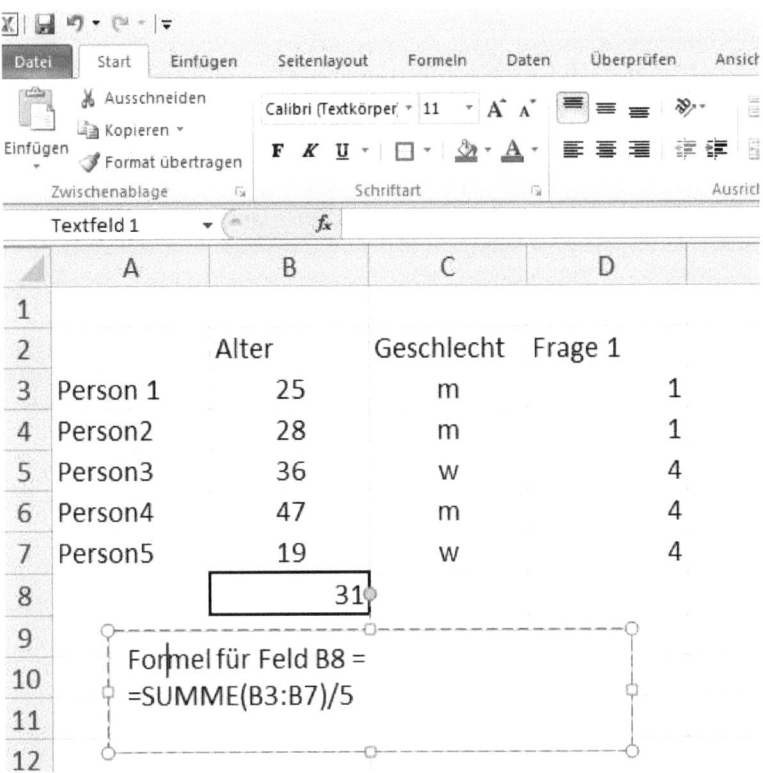

Mit Hilfe der Berechnung wissen Sie nun, dass Ihre Befragtengruppe im Durchschnitt 31 Jahre alt ist.

Sie können auch den Durchschnittswert zu Frage 1 berechnen:

	A	B	C	D	E
1					
2		Alter	Geschlecht	Frage 1	
3	Person 1	25	m	1	
4	Person2	28	m	1	
5	Person3	36	w	4	
6	Person4	47	m	4	
7	Person5	19	w	4	
8		31		2,8	
9				Formel ´=SUMME(D3:D7)/5	
10					
11					

Das Ergebnis von 2,8 besagt bei der gegebenen Antwortskala, dass in der Gruppe insgesamt die Tendenz besteht, dass Nahrungsergänzungsmittel für die Gesundheit positiv zu werten sind.

Die Auswertungen können Sie beliebig weiter betreiben, es bietet sich jedoch in der Regel folgendes Raster an:

- Auswertung der gesamten Gruppe:
- Auswertung der Daten getrennt nach Geschlechtern (männlich, weiblich)
- Auswertung nach Altersgruppen (z.B. Alter 20-30 J., 30J.-45 J., 45J. oder älter, etc.)

Neben dem Mittelwert sollte JEDE Untersuchung auch folgende Werte angeben:

- Standardabweichung
- Relative und absolute Häufigkeiten (besonders wichtig bei prozentualen Auswertungen)

Standardabweichungen:

	A	B	C
1			
2			Alter
3		Person5	12
4		Person6	14
5		Person7	20
6		Person8	25
7		Person9	22
8		Person10	21
9		Person11	22
10		Person12	21
11		Person13	10
12		Person14	9
13		Person15	10
14		Mittelwert	16,9090909
15		Standardabweichung	5,64808166
16			

Die Standardabweichung ergänzt die Aussagekraft des arithmetischen Mittels (Durchschnittwertes). Der Mittelwert ist 16,90, die Standardabweichung beträgt 5,648. Die Standardabweichung heißt auch Streubreite und gibt den durchschnittlichen Abstand aller Werte vom Mittelwert an. Je größer die Standardabweichung ist, umso klarer wird, dass der Mittelwert ein rein rechnerischer Wert ist, die einzelnen Werte allerdings weit um den Mittelwert liegen. Eine große Standardabweichung schränkt damit die Aussagekraft eines Mittelwertes ein.

In Excel sind die Funktionen folgende:

Für Zelle C14 (Ergebniszelle Mittelwert):
Formel =Mittelwert(C3:C13)

Für Zelle C15 (Ergebniszelle Standardabweichung): **Formel =STABW.N(C3:C13)** (die Funktion ist direkt bei Excel hinterlegt).

Relative und absolute Häufigkeiten

Für Auswertungen sind auch relative und absolute Häufigkeiten sehr interessant. Die absolute Häufigkeit sagt aus, wie oft ein bestimmter Wert in einer Grundgesamtheit vorkommt. Zum Beispiel kommt das Alter „10" in der Altersliste (siehe vorige Tabelle) zweimal vor.

Die relative Häufigkeit zeigt das Anteilsverhältnis, was sich in Prozentzahlen ausdrücken lässt. Das Alter „10" kommt zweimal bei 11 Altersangabe vor, somit ist das Verhältnis 2/11 und in Prozent ausgedrückt: 18,18 %.

In Excel lässt sich die absolute Häufigkeit mit der Funktion mit der „zählenwenn"-Funktion feststellen.

	Alter
Person5	12
Person6	14
Person7	20
Person8	25
Person9	22
Person10	21
Person11	22
Person12	21
Person13	10
Person14	9
Person15	10
Anzahl Zehnjähriger	=ZÄHLENWENN(C3:C13;10)
	ZÄHLENWENN(Bereich; Suchkriterien)

Die relative Häufigkeit lässt sich durch eine Kombination zweier Funktionen feststellen:

	Alter
Person5	12
Person6	14
Person7	20
Person8	25
Person9	22
Person10	21
Person11	22
Person12	21
Person13	10
Person14	9
Person15	10
Anzahl Zehnjähriger	2
Rel.Häufigkeit Zehnjähriger	=zählenwenn(C3:C14;10)/Anzahl(C3:C14)*100

	Alter			
Person5	12			
Person6	14			
Person7	20			
Person8	25			
Person9	22			
Person10	21			
Person11	22			
Person12	21			
Person13	10			
Person14	9			
Person15	10			
Anzahl Zehnjähriger	2			
Rel.Häufigkeit Zehnjähriger	=zählenwenn(C3:C14;10)/Anzahl(C3:C14)*100			

Übungszeit zu Kapitel 5.5

Aufgabe:

Sie sollen eine Befragung der Elternschaft zur Zufriedenheit mit der Kita entwickeln. Überlegen Sie im Team, was eigentlich „Zufriedenheit der Eltern" bedeutet und mit welchen Items (Frage) sie gemessen werden kann.

Erstellen Sie einen Fragebogen in Word, der die Elternzufriedenheit erfasst. Lassen Sie den Fragenbogen in Ihrem Umfeld ausfüllen und werden Sie die Ergebnisse mit EXCEL aus!

6. Bildbearbeitung mit PAINT

Einstiegsfall:

Luise Krämer ist Erzieherin der KITA Dschungelkönig, beim Sommerfest hat sie viele Bilder gemacht, die allerdings bei anschließender Betrachtung nicht optimal sind. Mit dem Bildbearbeitungsprogramm PAINT möchte sie nun diese Bilder optimieren.

Aufgabe:

Erkunden Sie selbständig die Funktionalitäten von PAINT.

PAINT ist ein einfaches Bildbearbeitungs- und Zeichenprogramm mit dem sich einfachere Bearbeitungen schnell umsetzen lassen. Für professionelle Bildbearbeitungen gibt es GIMP oder Photoshop, für einfachere Optimierungen genügt jedoch PAINT allemal, zudem es auch kostenlos von MICROSOFT bereitgestellt wird. Professionelle Bildbearbeitungsprogramme kosten gerne 200,- € und mehr, es wäre in einer KITA unnötig, dieses Geld der pädagogischen Arbeit zu entziehen.

6.1 Vorgehensweise für die Bildbearbeitung

Um das Bild in PAINT zu laden, gehen Sie zunächst auf die Registerkarte „Datei" und dort auf „Öffnen" (so wie in anderen Microsoft-Office Anwendungen auch). Verwenden Sie für die Übungszeit ein eigenes Foto, das Sie optimieren und zuschneiden möchten. Sie können es analog dem Beispielbild bearbeiten.

Wir laden unser Bild, hier vom Kinder-Karatekämpfer. Das Bild ist jedoch suboptimal, die Person ist im Verhältnis zum Gesamtbild zu klein.

Wir wollen deshalb das Bild so zuschneiden, dass nur die Person zu sehen ist (und z.B. nicht die Badelatschen oder einen Großteil der Tür).

Hierzu wählen wir das <u>gestrichelte Rechteck</u> und wählen im Bild den Bereich aus, der ausgeschnitten <u>werden soll.</u>

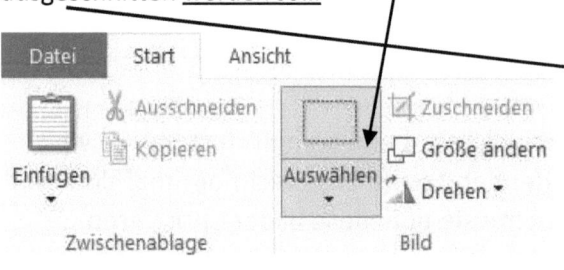

Um daraus ein neues Foto zu generieren, müssen Sie bei PAINT auf Datei und NEU klicken und dort das ausgeschnittene Bild einfügen, damit auch das Original erhalten bleiben kann!

Paint stellt bei „NEU" immer ein weißes Blanko-Blatt zur Verfügung, dieses lässt sich anpassen (Klick auf das rechte untere Ende), indem das Blanko-Blatt unter das Foto geschoben wird. Dann unter neuem Namen abspeichern und fertig ist das zugeschnittene Bild.

6.2 Weiter Funktionen der Bildbearbeitung in PAINT

Paint bietet natürlich, neben dem Zuschneiden von Bildern, noch weitere wichtige Funktionen.

| Größe von Bildern ändern

 oder

 Bilder zerren: | Größe ändern/Zerren ✕

 Größe ändern
 Um: ⦿ Prozentsatz ◯ Pixel
 ↔ Horizontal: 100
 ↕ Vertikal: 100
 ☑ Seitenverhältnis beibehalten

 Zerren (°)
 ↔ Horizontal: 0
 ↕ Vertikal: 0

 OK Abbrechen |

Drehen oder Spiegeln:	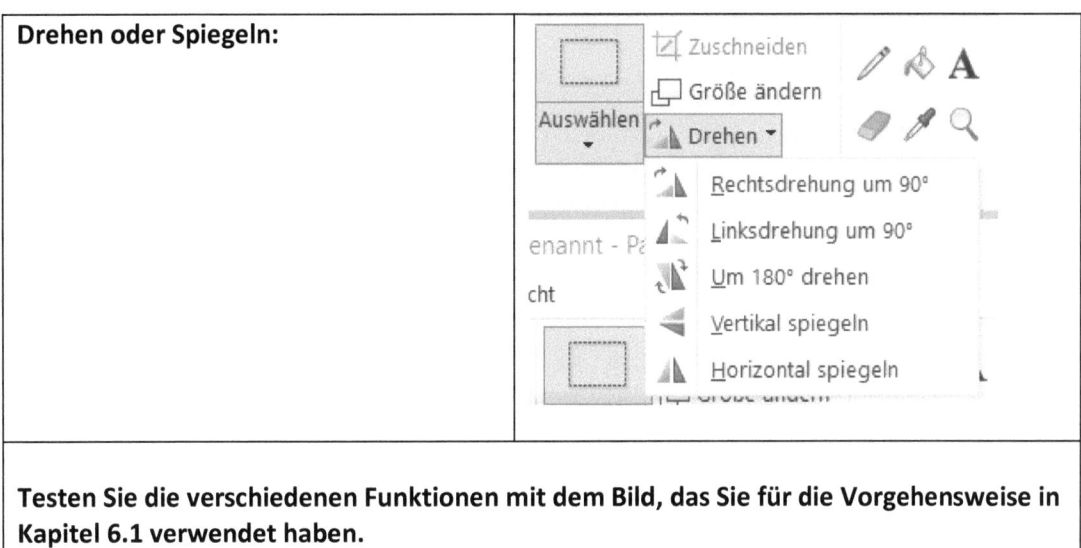

Testen Sie die verschiedenen Funktionen mit dem Bild, das Sie für die Vorgehensweise in Kapitel 6.1 verwendet haben.

6.3 Arbeiten mit Grafiken und Symbolen

Mit Paint lassen sich auch mit Grafikelementen und Symbole arbeiten, z.B. könnte damit ein eigenständiges Kita-Logo entworfen werden. Gut möglich ist auch die Kombination aus Bild und Symbolen bzw. Grafikelementen.

Folgende Symbole lassen sich verwenden: (Noch mehr als in der nebenstehenden Abbildung).	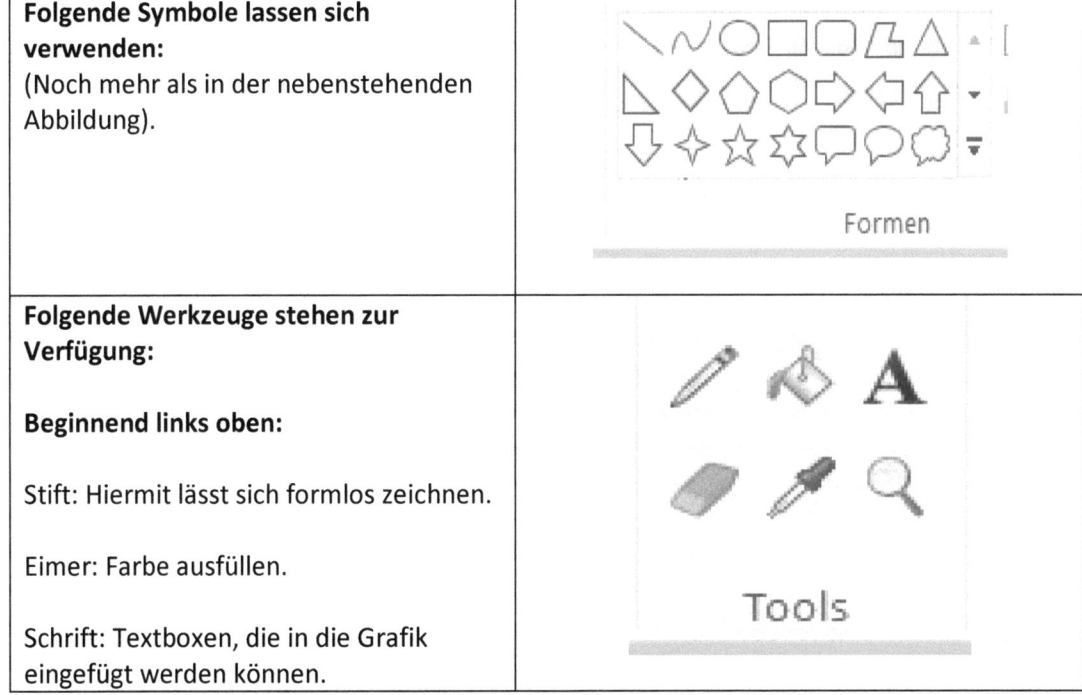
Folgende Werkzeuge stehen zur Verfügung: **Beginnend links oben:** Stift: Hiermit lässt sich formlos zeichnen. Eimer: Farbe ausfüllen. Schrift: Textboxen, die in die Grafik eingefügt werden können.	

Wir erstellen nun unser eigenes Logo.

Laden Sie sich zunächst von Pixabay folgendes Bild herunter:
https://pixabay.com/de/photos/kindergarten-spielwiese-schaukel-1322559/

(Falls der Link nicht funktioniert, laden Sie ein lizenzfreies Bild, das das Gebäude einer Kita zeigt!)

Ursprungsbild:

Wir schneiden das Bild zu, so dass ein Teil der Schaukel sowie das Spielhaus mehr Raum einnimmt. Mit dem ausgeschnittenen Bild, gehen wir in PAINT auf → Datei → Neu und fügen es in ein neues Blanko-Dokument ein.

Nun nehmen wir das Rautensymbol (Mitte) und umrahmen Sie das Bild mit der Raute:

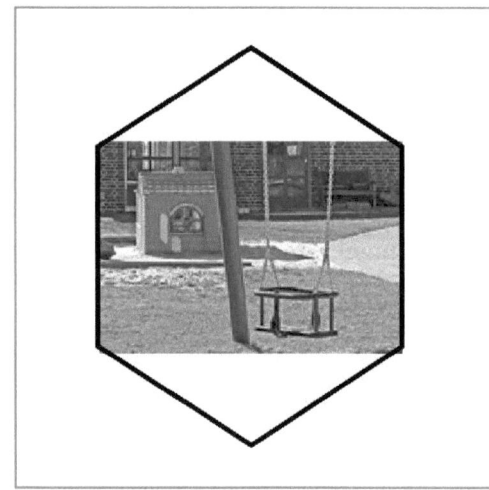

Mit Textboxen ergänzen wir Name und Ort der in den weißen Dreiecken:

Fertig ist das Logo!

Speichern Sie das Bild im sogenannten jpeg-Format.

6.4 Bildformate (png, jpg,bmp & co.)

Wenn Sie ein Bild in PAINT abspeichern, so können Sie beim Speichervorgang entscheiden, in welchem Format es abgespeichert werden soll:

Der Zweck der unterschiedlichen Dateitypen soll Ihnen hier erläutert werden:

PNG	Bei Homepages und allgemein im Internet mittlerweile das gängigste Format. es die Möglichkeit, kleine Dateien bei hoher Qualität zu nutzen. So können z.B. Logos und kleine Bilder mit Tausenden von Farbschattierungen korrekt weiterverarbeitet werden.
TIFF	TIFF Dateien bieten eine sehr gute Qualität und eigenen sich sehr gut bei der Erstellung von Printprodukten (Flyer, Zeitung etc.), da sie mit Grafikprogrammen gut weiterverarbeitet werden können. Haben Sie also bearbeitete Fotos, die in einem Printprodukt mit hoher Qualität eingepflegt werden sollen, so wäre TIFF das Mittel der Wahl.
JPEG	JPEG ist ein bewährtes Format für digitale Bilder und unterstützt das volle Farbspektrum. Es ist das kompatibelste und universell nutzbarste Bildformat, da fast alle Anwendungen JPEG öffnen und in JPEG konvertieren können. Für Bildansichten mit geringer Auflösung im Internet (Beanspruchung von wenig Speicherplatz) ist es ideal.
GIF	Das GIF Format schränkt die Farbauswahl ein und hat nur geringe Speicherplatzanforderungen. Es wird für simple Webgrafiken mit beschränkter Farbwahl verwendet. GIF-Bilder haben kurze Ladezeiten. Für qualitativ anspruchsvolle Fotos und Bilder mit vielen Nuancen ist dieses Format völlig ungeeignet. GIF ist bestens geeignet für kleine grafische Elemente wie Diagramme, Clip Art oder Buttons.
Bitmap-Formate	Die Bitmap (bmp)-Dateien sind ein Windows-Format, die geräteunabhängig (Device-Independent Bitmap = DIB) angezeigt werden. Geräteunabhängig bedeutet, dass die Farbinformationen der Pixel unabhängig von der Art und Weise sind, wie das Anzeigegerät Farben darstellt. Graphiken im BMP-Format können in einer Farbtiefe von 1, 4, 8, 16 oder 24 Bit des RGB-Farbmodells gespeichert werden. Das entspricht 2, 16, 256, 65.536 bzw.

	16,7 Mio. Farben. Die Qualität, aber auch der Speicherbedarf, der bei großen Bildern sehr hoch sein kann, bestimmt entsprechend der Farbtiefe.

Übungszeit zu Kapitel 6

Aufgabe 1:

Erstellen Sie in PAINT ein Logo für ihre eigene Kita. Sie können dabei auch auf ICONS und Bilder aus dem Netz zurückgreifen (in der Praxis wäre natürlich das Urheberrecht / Markenrecht zu beachten!!)

Das Logo soll maximal 4 cm breit und 3 cm hoch sein! (Lineal-Funktion verwenden, Gitterfunktion verwenden)

Das Bild soll als jpeg in eine Word-Vorlage als Briefkopf eingefügt werden

Aufgabe 2:

Erstelle in eine Bilder-Collage für ein Portfolio, in dem verschiedene Situationen eine Kindes (einzelne Bilder) als Gesamtbild dargestellt werden. Nutzen Sie Textboxen und Symbole zur Beschriftung und Veranschaulichung.

7. Der Windows Movie-Maker für Dokumentation und Öffentlichkeitsarbeit

---

Fall:

Pia Berg ist Erzieherin in der Wald-Kita Finsterforst. Ihre Leitern, Frau Tanja Tal, bittet sie über die Kita einen kleinen Informationsfilm zu drehen. Es sollen dabei die Räumlichkeiten, die Gruppen, die Mitarbeiter und einzelne Kinder dargestellt werden. Das Video soll sich deshalb aus verschiedenen Videos zusammensetzen, die auch von anderen ErzieherInnen gedreht werden.

Aufgabe: Recherchieren Sie das Leistungsspektrum des Windows MovieMakers.

Lernhinweis:

Der Movie Maker ist eine Software, die für den Privatbereich von Microsoft bereit gestellt worden ist. Das große Plus: Es ist kostenlos und ist bei den meisten Windows-Rechnern bereits vorinstalliert oder lässt sich mit relativ wenig Aufwand installieren. Sicher gibt es viel professionellere und komplexere Filmbearbeitungsprogramme, für die Zwecke von Dokumentation und Öffentlichkeitsarbeit ist der Movie Maker jedoch absolut ausreichend.

Der „Windows Movie Maker" ist eine kostenlose Videoschnittsoftware von Microsoft mit Funktionen zum Bearbeiten und Schneiden von Videodateien und Fotos. Über eine einfache Oberfläche fügen auch Einsteiger Schritt für Schritt eigene Filme oder Diashows zusammen, nutzen Übergangseffekte und vertonen die Filmclips mit Audiodateien. Verwackelte Handy- oder Kameraaufnahmen glättet der „Windows Movie Maker" durch eine ausgefeilte Videostabilisierung.

Vorgehensweise bei der Erstellung eines Filmprojektes

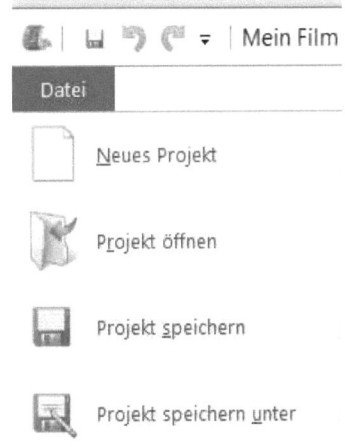

Bevor Sie mit der Filmbearbeitung loslegen, müssen Sie zunächst ein neues Projekt anlegen. Arbeiten Sie länger an einem Projekt, dann können Sie den Schnellzugang über aktuelle Projekte wählen.

Wichtig zur Begrifflichkeit: So lange Sie den Film bearbeiten handelt es sich um ein Projekt. Ist das Projekt fertig, wandeln Sie das Projekt über „Film speichern" in einen richtigen Film um. Sie sollten von einem Film deshalb immer zwei Dateien und zwar die vom Projekt sowie die fertige Filmdatei an einem sicheren Ort speichern!

Sie starten nun mit einem neuen Projekt. Dann fügen sie den Rohfilm über folgende Menüschaltfläche ein.

Speichern Sie Ihr Projekt unter einem neuen Namen in einem eigenen Ordner. Das erleichtert später Ihre Orientierung und das Überarbeiten Ihres Films.

Nützlich ist es auch, die „Roh"-Filme in einem eigenen Ordner zu sammeln und dort diese Dateien evtl. zu bearbeiten (Größe, Auflösung etc.),

Sie können nun die verschiedenen Filme, aber auch Fotos einfügen.

Schneiden des Filmes

Unter Bearbeiten finden Sie alle Werkzeuge, um den Film in Sequenzen zu schneiden. Hier können Sie die Lautstärke der einzelnen Filmsequenzen bestimmen, Teil des Films schneller laufen lassen (oder auch langsamer) u.v.m.

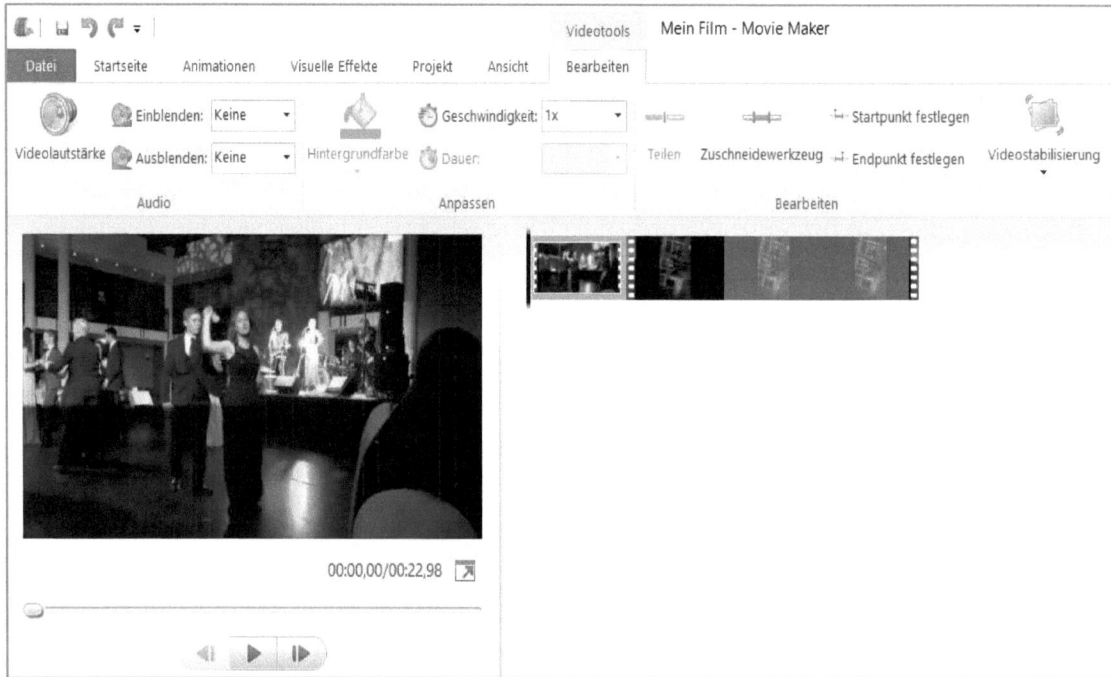

Dem Schneiden kommt eine besondere Bedeutung zu. Hierzu klicken Sie auf „Zuschneidewerkzeug":

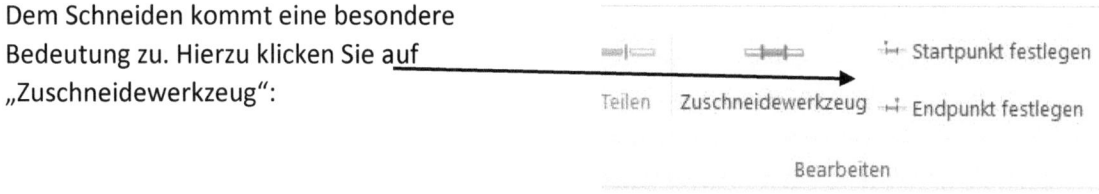

Es öffnet sich ein eigenes Fenster:

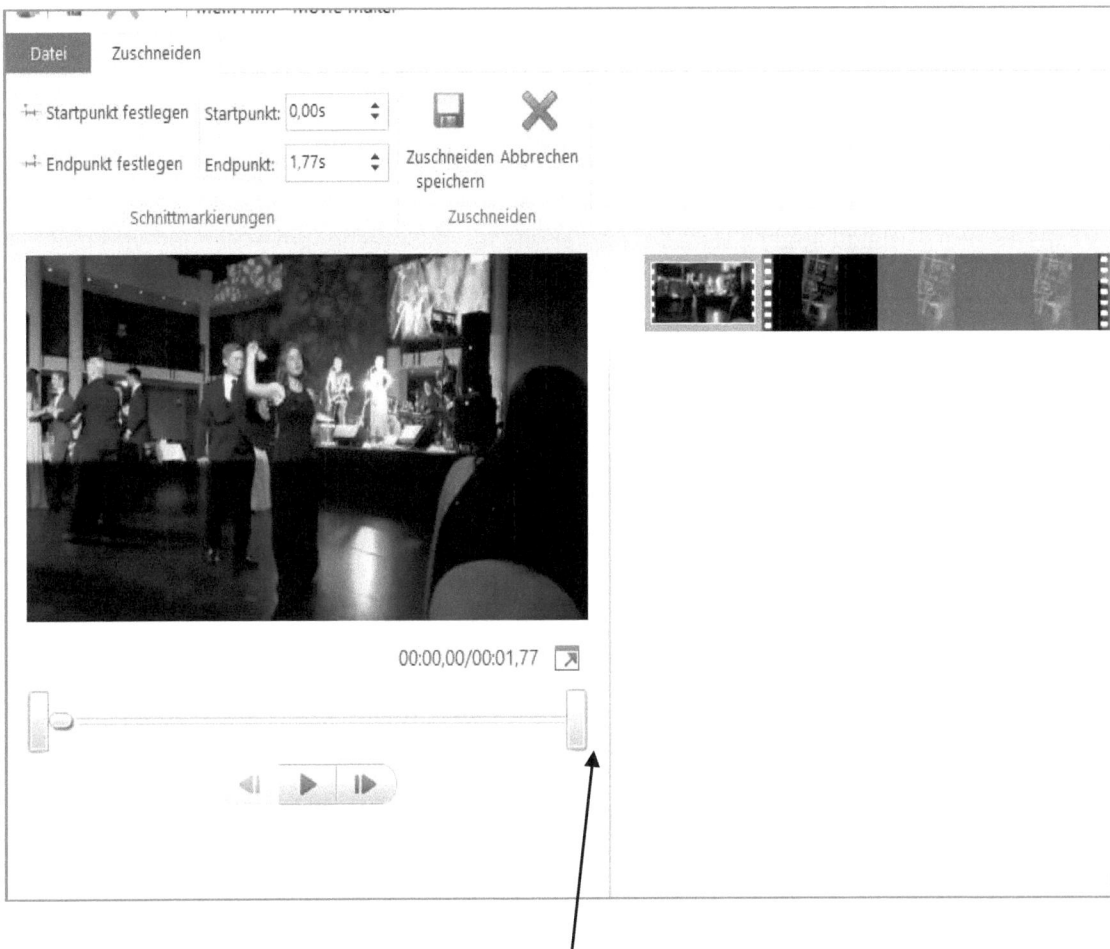

Hier können Sie je Sequenz über die <u>Schiebebalken</u> genau festlegen, von wo bis wo, die Sequenz im Film laufen soll. Der Zuschnitt muss jeweils gespeichert werden.

Weitere Funktionen

Es lassen sich Musik-Dateien einfügen, mit denen das Video untermalt werden kann.	♪ s Musik hinzufügen ▾
Mit einem geeigneten Mikro (Headset!), lassen sich auch Kommentierungen zum Video reinsprechen.	🎤 Audiokommentar aufzeichnen ▾
Einen schönen Effekt erzielen Sie, wenn Sie dem Film Titel (oder zusätzlich Bildtitel) vergeben. Genauso gehört zu jedem Film auch ein Abspann, in dem die Darsteller und auch Urheber sowie Rechtehinweise versehen	A▪ Titel ▤ Bildtitel A▤ Abspann ▾

Übungszeit zu Kap. 7

Aufgabe :
Teamarbeit:

Erstellen Sie einen Info-Film über die Ausbildung zum Erzieher. Filmen Sie dabei in verschiedenen Perspektiven die Schule, evtl. auch Unterricht und Schüler (Persönlichkeitsrechte beachten (siehe Kapitel Medienrecht!)). Ein Teammitglied sollte der Experte zum Ausbildungsgang sein, der immer wieder als Sprecher eingeblendet wird und wichtige Informationen zum Ausbildungsgang.

Verwenden Sie möglichst viele Features des Movie-Makers (z.B. Abspann, Bilder einfügen, zuschneiden von Filmsequenzen, Musikuntermalung etc.).

8. Medienrecht

Auch als ErzieherIn oder Kita-Leitung muss man sich in medienrechtlichen Fragen auskennen. Dürfen die Bilder vom Sommerfest auf der Homepage veröffentlicht werden, darf ich einen Zeitungsartikel über die Kita einscannen und auf die eigene Kita-Homepage setzen. Diese und viele anderen Fragen können weitreichende rechtliche Konsequenzen nach sich ziehen. Aus diesem Grund werden hier die wichtigsten medienrechtlichen Fragen für den Kitabereich beantwortet.

8.1 Fotos
Urheberrecht

Fotos sind gem. § 2 Abs. 1 Nr. 5 UrhG Lichtbildwerke und urheberrechtlich geschützt. Für Filme gilt ähnliches, wobei gerade Filme eine große Bandbreite der Werkgestaltung aufweisen (z.B. Spielfilm, Werbefilm, Dokumentarfilm etc.). Schießen Sie in der Kita also ein Foto vom Sommerfest und verwenden dieses anschließend für die Kita-Homepage, dann kann z.B. kein Reporter dieses Foto ungefragt für einen Zeitungsartikel verwenden. Als Urheber bestimmen Sie, wie, wann und ob das Foto veröffentlicht, aber auch ob es bearbeitet wird. Umgekehrt gilt das natürlich auch für Fotos, die Sie im Netz finden. Ungefragt dürfen Sie im Prinzip kein Foto verwenden, auch wenn es gerade thematisch so hervorragend den Flyer für das Sommerfest aufhübschen würde. Eine Lösung hierfür können z.B. Bilderdatenbanken im Internet sein, die für kleines Geld, teilweise auch kostenlos thematische Bilderreihen anbieten (z.B. fotolia.com, pixabay.com). Hier finden Sie für wenig Geld hochprofessionelle Fotos und sind rechtlich auf der sicheren Seite.

Recht am eigenen Bild

Gerade in Kitas ist es eine besondere Thematik, wenn es auf Fotografien von Kindern geht. Es gehört zum Tagesgeschäft einer professionellen Kita, dass mit Hilfe von Kameras Ereignisse und Situationen, die in pädagogischem Kontext stehen, fotografiert werden. Einzelaufnahmen von Kindern sind hier die Regel, do wie sieht hier die juristische Seite aus? Das wichtigste vorweg: Sollen von Kindern Fotos gemacht werden, so müssen die Eltern hierzu zustimmen. Die Eltern sind deshalb bereits beim Aufnahmegespräch darüber zu informieren, dass die Kinder in der Kita für die pädagogische Dokumentation fotografiert werden. Da die Eltern das Sorgerecht für ihr Kind haben, können sie auch darüber bestimmen, ob das Kind fotografiert werden darf oder nicht. Die Eltern berufen sich hier auf das sog. „Recht am eigenen Bild" (§§22, 23 Kunsturhebergesetz), das sie als Sorgeberechtigte wahrnehmen.

---

§ 22 Kunsturhebergesetz

Bildnisse dürfen nur mit Einwilligung des Abgebildeten verbreitet oder öffentlich zur Schau gestellt werden. (…)

Eine pauschal geäußerte Zustimmung seitens der Eltern zu Beginn der Aufnahme ist allerdings kein Freibrief für ein ständiges Fotografieren der Kinder. Selbst wenn die Eltern dem Fotografieren zugestimmt haben, so sollte gerade bei Veröffentlichungen auf der Homepage nochmals für jedes Bild einzeln die Zustimmung eingeholt werden. Die Eltern könnten davon ausgehen, dass die Fotos nur für die interne pädagogische Arbeit verwendet werden und nicht etwa für Zwecke der Öffentlichkeitsarbeit. Zudem verbieten sich Fotos aus dem höchstpersönlichen Lebensbereich des Kindes (Toilette, Wickeln etc.). Auch wenn die Eltern grundsätzlich dem Fotografieren zugestimmt haben, so ist in jeder Situation das Nein des Kindes zu respektieren. Kinder sind zwar nicht geschäftsfähig (beschränkt geschäftsfähig ab 7 Jahre), aber ab Geburt rechtsfähig. Da es sich beim Recht am eigenen Bild um ein Persönlichkeitsrecht handelt, kann das Kind auch schon im Kita-Alter für seine Rechte einstehen. Dem Fotografieren müssen auch immer beide Eltern zustimmen.

Gerade bei Fotos für die Homepage werden gerne Gruppenaufnahmen veröffentlicht. Im Internet kursiert oft die Mär, dass z.B. ab fünf Personen keine Zustimmung mehr eingeholt werden muss. Gerade für den Kita-Bereich muss solch eine „Regel" als Unsinn erklärt, es gilt, sobald ein Kind erkennbar ist, muss auch die Zustimmung zu diesem Foto von jedem Elternteil vorliegen.

Keine Zustimmung der fotografierten Personen muss eingeholt werden, wenn die Personen nur Beiwerk auf dem Foto sind oder es sich um eine große Versammlung handelt, wo Einzelpersonen nicht im Interesse des Fotografen stehen. D.h. für den Kita-Alltag ein Foto vom Sommerfest, das als Impression Dutzende von Eltern auf Bierbänken zeigt, wäre ohne Zustimmung der Eltern gut möglich. Bei Kindern sollte jedoch immer Vorsicht geboten sein und sicherheitshalber die Zustimmung eingeholt werden.

8.2 Texte

Bei Texten gilt im Prinzip das gleiche wie bei Fotos, Texte die Sie schreiben sind urheberrechtlich geschützt und dürfen nicht einfach von Dritten kopiert werden (Text auf der Homepage etc.). Umgekehrt dürfen Sie sich nicht einfach an anderen Texten bedienen.

8.3 Logos

Immer mehr Kitas nutzen für ihre Corporate Identity Logos, die mit der Thematik Kita, Kind, Natur und Umwelt spielen. Im angelsächsischen Raum, wo Kitas auf freien Märkten zueinander in Konkurrenz treten, haben sie, wie bei Unternehmen, hochprofessionelle Logos entwickelt. Es verbietet sich selbstverständlich sich solch eines Logos zu bedienen. Logos sind neben dem Schutz durch das Urheberrecht auch noch durch das Markengesetz geschützt. Ein Missbrauch kann daher gravierende finanzielle Folgen haben und sollte tunlichst vermieden werden.

8.4 Homepage

Für Homepages gilt für alle Texte und Bilder das Urheberrecht wie oben beschrieben. Alle Texte müssen aus der eigenen Feder stammen, alle Bilder selbst fotografiert oder mit Lizenzen erworben. Bei Texten und Bildern sollten Sie grundsätzlich auch die Urheberschaft kenntlich machen, Fremdquellen (z.B. Zitate aus einer Fachzeitschrift) sind ebenfalls deutlich als Zitat zu kennzeichnen. Für Homepages gilt zudem noch die Impressumspflicht. Direkt von der Startseite muss das Impressum für die Homepage aufrufbar sein. Die Impressumspflicht gilt für alle an die Öffentlichkeit gerichteten Publikationen, unabhängig davon, ob eine Gewinnerzielungsabsicht verfolgt wird oder nicht. Sie ist somit keine Neuerscheinung des Internets. Da Internetseiten von ihrer Natur her für die Öffentlichkeit bestimmt sind, gilt auch für sie die Impressumspflicht. Das Impressum hat den Zweck, dass der Leser schnell den Verantwortlichen der Publikation ausfindig machen kann. Die Gründe hierfür sind zum einen, dass Publikationen entsprechend eingeschätzt werden können (z.B. hinsichtlich der Objektivität) und zum anderen, dass evtl. Rechtsansprüche geltend gemacht werden können. Als Angaben sollen die Namen der Verantwortlichen, sowie entsprechende Kontaktmöglichkeiten angegeben sein. Das Impressum sollte entweder auf jeder Unterseite sichtbar sein, oder von jeder Unterseite aus über einen Link aufrufbar sein. Bei Kitas ist auch immer der verantwortliche Träger (Stadt, Kirche etc.) zu nennen, dann die Kita-Leitung mit Anschrift, E-Mail und Telefonnummer.

Übungszeit zu Kap.8

Fall1:

Lisas Mutter ist außer sich, als sie sieht, dass Lisa auf der Homepage der Kita abgebildet ist, wie sie gerade ein Bilderbuch betrachtet. Sie beschwert sich bei der Kita-Leitung und fordert sie auf das Foto sofort zu entfernen. Diese erwidert, dass es Teil der Beobachtung und Dokumentation ist, dass die Kinder in bestimmten Situationen fotografiert werden. Auch das Portfolio setze sich aus vielen Bildern zusammen, die den Fortschritt dokumentieren sollen. In der Hausordnung haben die Eltern zudem zugestimmt, dass die Kinder fotografiert werden dürfen, so die Kita-Leitung! Wie ist die Rechtslage zum Foto von Lisa?

Fall 2:

Beim Sommerfest macht eine Erzieherin im Auftrag der Leitung Bilder mit der Kita-Digitalkamera. Ein Vater ist erbost, er hat die Hausordnung ausdrücklich nicht unterschrieben, vermutet jedoch, dass sein Sohn beim Auftritt der Froschgruppe mit auf dem Bild sein könnte.

Fall 3:

Erzieherin Katrin M. macht vom Sommerfest Fotos. Diese Fotos werden auf die Homepage – im Sinne der Öffentlichkeitsarbeit – gestellt. Vater A. arbeitet bei der Lokalredaktion der Rheinpost und nimmt diese Fotos (ungefragt), um den Bericht in der Zeitung zu bebildern.

Fall 4:

Erzieherin Katrin M. betreut die Homepage der Kita. Im Netz entdeckt sie tolle Fotos, die sie auch gut für die eigene Homepage verwenden kann.

Fall 5:

Um beim Sommerfest richtig Stimmung zu machen, heizt Erzieher Pietro nach dem offiziellen Teil mit den neuesten Hits der Charts ein. Er verwendet hierzu seinen „privaten Spotify-Account.